Road Pheromone :
은둔하는 절경의 겨드랑이, 샛길에서 새어나오는 체취

오드 페로몬에
놀리다

길의 감식가 노동효의 샛길 예찬

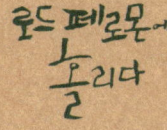
로드 페로몬에 홀리다

초판 1쇄 인쇄 | 2009년 6월 22일
초판 1쇄 발행 | 2009년 6월 27일

글 | 노동효
사진 | 33인의 블로거

펴낸이 | 김명숙
펴낸곳 | 나무발전소

등록 | 2009년 5월 8일 (제313-2009-98호)
주소 | 서울시 마포구 합정동 205-7 서림빌딩 9층
       Tpowerstation@hanmail.net
전화 | (02)333-1962
팩시밀리 | (02)333-1961

ISBN | 978-89-962747-0-4 13980

· 잘못된 책은 구입하신 서점에서 바꾸어 드립니다.
· 값은 뒷표지에 있습니다.

길의 감식가 노동효의 샛길 예찬

로드 페로몬에 홀리다

글 노동효 | 사진 33인의 블로거

나무
발전소

프롤로그

후천성 샛길 증후군 환자를 위하여

- 다들 겁먹어서 이류 모텔에도 못 들어갔잖아.
- 우리가 그렇게 위협적인가?
- 너한테 겁을 먹은 게 아니라 네게서 보이는 것에
겁을 먹은 거야.
- 그래 봤자 머리 좀 기른 것뿐이잖아?
- 그게 아냐. 그들은 네게서 자유를 본 거지

― 영화 「이지 라이더 Easy Rider」 중

　나의 이니셜은 R, 직업은 여행작가, 성 정체성은 다성애자로 후천성 샛길 증후군을 앓고 있다. 그리고 샛길은 '물리적인' 샛길일 때도 있고 '정신적인' 샛길일 때도 있다.
　내가 왜 '후천성 샛길 증후군' 환자인지는 『로드 페로몬에 홀리다』를 읽는 동안 다양한 임상 사례들을 접하며 그 연유를 짐작할 수 있을 텐데, 영어로는 'Acquired Byroad Syndrome'이라고 부른다.

물론! 세계보건기구(WHO)의 질병 분류에 그런 병명이 등재되어 있지는 않다. 그러나 세계보건기구의 질병 분류 코드에 없다고 해서 '존재하지 않는 병'이라고 말할 수는 없을 것이다. 후천성 샛길 증후군이 언제 WHO 질병 분류에 등재될지는 알 수 없지 않겠는가.

후천성 샛길 증후군이 발병한 시기는 내 나이 열네 살, 어느 날의 하굣길이었다. 길동무가 물었다. "너 장기 둘 줄 아니?", "응, 이모부한테 배웠어." 무심코 대답하고 나서 나는 (정신적) 샛길로 빠져 여러 해 동안 이모부를 만나지 못했다는 것을 떠올렸고, 이어 이모부가 몇 년 전 돌아가셨다는 것을 기억해냈다. 그 순간 나는 내 생애 처음으로 영화나 소설이 아니라 내 곁에도 죽음이란 것이 존재한다는 것을 실감했다. 그리고 그 순간부터 나를 둘러싼 세계가 완전히 달라져버렸다.

인간은 불멸의 존재가 아니라 유한한 존재였다는 것. '난 왜 태어난 것일까? 그리고 나는 어디서 왔다가 어디로 가는 것일까?' 말하자면 사춘기가 시작된 것이다.

물론 누구나 겪는 '사춘기'를 '후천성 샛길 증후군'이라고 부르는 것은 아니다. 문제는 그런 질문들에 대답하기 위해서 내가 내린 결론이 '여행을 떠나야겠다'는 것이었다는 점이다.

나는 하루키의 소설 『해변의 카프카』의 주인공, 카프카처럼 열다섯의 어느 날 정신적 탯줄을 끊고 길을 떠났다. 일컬어, 가출家出. 물론 '열다섯 살의 생일'은 가출하기에 안성맞춤의 시기라고 말하는 카프카와는 달리 '열다섯 살의 크리스마스'에 가출을 하긴 했지만 말이다.

15세 소년에게 이 나라는 무수한 도시들로 가득한 미로였고, 산과 강들이 즐비한 대륙이었으며, 실핏줄처럼 이어진 길들로 가득한 생명체였다. 15세 소년소녀들의 일상에서 벗어나 (물리적) 샛길로 빠진 나는 버려진 방범 초소에서 잠들기도 했고, 지리산에선 MT 온 대학생들과 함께 어울리기도 했고, 낯선 집 대문을 두드려 하룻밤을 재워달라고 청하기도 했으며, 겨울 강변에 장작불을 지피고 밤을 지새기도 했다. 그리고 집으로 돌아왔을 때 나는 이미 로드 페로몬 Road Pheromone에 홀린 후천성 샛길 증후군 환자가 되어 있었다.

후천성 샛길 증후군은 고요히 잠복을 하고 있다가 바람 부는 날, 나무 이파리들이 바람에 뒤집히는 모습을 보게 되거나 할 때면 어김없이 발병했다. 숲은 푸른 혓바닥을 내밀어 내 눈알을 핥아댔고, 나는 달아올랐고, 견딜 수 없을 때면 길을 떠났다.

물론 잠복기가 꽤 길었던 시절도 있었다. 검은 양복을 입고 빌딩 사무실에 앉아 모니터를 들여다보며 펜대를 굴리던 시절. 식사를 하고, 회의를 하고, 영화를 보고, 연인과 사랑을 나누고 있을 때, 또 다른 내가 거실의 TV 앞에 앉아 저녁 뉴스를 보고 있을 것만 같은 그런 시절이었다. 사무실 인근 식당에서 점심식사를 하고 나와 자판기 앞에서 담배를 피우고 있노라면, 내가 나인지 커피를 뽑고 있는 저 양복 입은 사내가 나인지조차 알 수 없었다, 마치 『매트릭스 The Matrix』의 무한 복제된 스미스라도 된 것처럼 말이다.

그때 다시 발병한 후천성 샛길 증후군은 '질병'이 아니라 '구원'이었다. 후천성 샛길 증후군은 나를 기차선로처럼 한쪽 방향으로만 달리고 있는 Korean Express에서 샛길로 끌어냈고, 나는 그때부터 샛길 방랑자가 되었다.

바람에 나뭇잎이 뒤집힐 때면 나도 어느 한쪽으로 뒤집혀 깊이를 알 수 없는 길들 속으로 자맥질해 들어가, 사람들이 이제 소용없다고 버린 것들을 내 몸의 지문으로 움켜쥔 채 떠올랐다. 길들은 살아 있는 생명체처럼 태어나기도 하고 죽기도 하니까, 이 땅은 다시 은둔하는 절경들을 감춘 미로가 되고, 수많은 산과 강과 바다를 품고 있는 대륙이 되어주었다.

그 길 위에서 여러 여행자들을 만났는데, 그중에는 여행길에서 무엇을 타고, 어디에서 자고, 어느 식당에 가서 무엇을 먹고, 어디에서 무엇을 볼지 모든 것을 정해놓아야 안정이 되는 사람들도 있었다. 난 그들이 '숙제'를 하러 온 것인지 '여행'을 하러 온 것인지 분간이 되지 않아 어리둥절해지곤 했다. 여행에서 가장 중요한 것은 꼼꼼한 '정보'나 빈틈없는 '일정'이 아니라 여행을 대하는 '자세'이고, 여행의 정수는 예측할 수 없는 만남과 모험에 있는 것. 그것은 결코 차질 없이 처리해야 할 숙제가 아니니까.

삶이 여행이고 여행이 곧 삶이듯, 삶과 여행이 아름다운 건 '불확실성' 때문일 것이다. 그래서 꼼꼼한 계획에 따라 예정대로 착착 진행되는 여행이란 '박제된 동물'을 관람하는 것과 다를 바 없지 않을까. 물론 박제된 동물의 앞태, 뒤태, 옆태, 발톱과 털의 생김새 등등을 세심하게 들여다볼 수는 있겠지. 그러나, 그곳에 '생명'은 없다.

내가 샛길 증후군을 '후천성'이라고 하는 까닭은 이 병이 선천적으로 타고나는 것이 아니기 때문이다. 즉, 누구나 이 병에 감염될 수 있으며, 언제라도 '샛길 증후군 환자'가 될 수 있다.

그대가 혹시 Korean Express에 올라타고 있다면 잠시 내려 샛길에서 자유의 향기를 맡아보지 않겠는가. 삶은 한쪽 방향으로만 뻗은 기찻길이 아니라 여러 갈림길로 얽혀 있는 거미줄이며, 세상엔 360도 어느 방향으로든 제 나름의 샛길들이 무한정 존재한다는 것을 느껴보지 않겠는가.

나는 이 책 곳곳에 후천성 샛길 증후군의 씨앗들을 뿌려놓았다. 부디 그대가 감염되길 바란다. 하여 샛길로 떠난 그대의 삶이 더욱 풍성해지고, 샛길에서 돌아온 그대의 삶이 더욱 행복해지길!

2009년 초여름 R로부터

『로드 페로몬에 홀리다』를 위해 공들여 찍은 사진들을 흔쾌히 제공해주신 사진가들에게 진심으로 감사드립니다.

목차

프롤로그
후천성 샛길 증후군 환자를 위하여 004

1장 다성애자의 사랑법

다성애자의 사랑법 1
길과 연애하는 여행자 017

다성애자의 사랑법 2
홍천에서 양양 가는 길에 만난 비밀의 햇볕 029

다성애자의 사랑법 3
천 개의 베개, 하나의 길 042

다성애자의 사랑법 4
지금은 잊힌 국도를 위하여 059

다성애자의 사랑법 5
요한복음 2장 16절과 적멸보궁 072

2장　북쪽으로 튀어!

북쪽으로 튀어! 1
해운대에서 길을 떠나다　089

북쪽으로 튀어! 2
장기반도를 에둘러 세상의 끝으로　106

북쪽으로 튀어! 3
천 년의 밤을 보냈던 청송으로 가는 길　119

북쪽으로 튀어! 4
죽어도 여한이 없을 길들의 풍경　132

북쪽으로 튀어! 5
내 젖은 팬티 벗어 해에게 보여줄 때　145

3장　오지여, 어디 있는가

오지여, 어디 있는가 1
정든 님, 또는 발원지를 찾는 연어　159

오지여, 어디 있는가 2
X와 Y, 여기 왔다 가다　170

오지여, 어디 있는가 3
초현실과 3억 년의 고독을 지나 승부를 보시겠습니까?　187

오지여, 어디 있는가 4
내 우상의 무덤으로 가는 길　199

오지여, 어디 있는가 5
벗이여, 행복한 여행길이길!　210

4장 훔쳐보는 풍경

훔쳐보는 풍경 1
그대 마음의 삼포, 사방거리 – 강원도 화천군 상서면 산양리　227

훔쳐보는 풍경 2
밤 11시 59분 45초 – 재인 폭포를 찾아서　240

훔쳐보는 풍경 3
바람이 묻어준 이야기 – 숲 속의 음악회　253

훔쳐보는 풍경 4
우린 이 행성을 그저 스쳐 지나갈 뿐 – 월악산 하늘재를 지나며　267

훔쳐보는 풍경 5
필리핀 열대우림에 폭설이 내린다면 – 35번 국도의 설경　278

에필로그
문풍지 구멍 너머로 훔쳐보던 풍경　292

…… 그리고 서른 여 해 동안 끄달려왔던 '떠나고 싶다'는 마음이 사라졌다. 그러나 그로 인해 '머무르고 싶다'는 마음이 생긴 것도 아니었다. 단지 내가 누워 있던 하나의 길 속에 이미 이 세계의 모든 길들이 들어 있었으며, 이 세계에 존재하는 모든 길들이 하나의 길 위에 누운 내 척추를 따라 찰나에, 한꺼번에 빨려 들어오고 있었다.

- 본문 중에서

ⓒ 노동효

1장
다성애자의 사랑법

길과 연애하는 여행자

홍천에서 양양 가는 길에 만난 비밀의 햇볕

천 개의 베개, 하나의 길

지금은 잊힌 국도를 위하여

요한복음 2장 16절과 적멸보궁

다성애자의 사랑법 1

길과 연애하는 여행자

– 떠나고 싶으면 떠나고 돌아오고 싶을 때 돌아오고, 어디에 얽매이지를 않는 사람인데 이런 사람은 결혼을 해도…… 어디 남편이라고 할 수 있겠어요?

여자 친구랑 궁합을 보기 위해 '이름 석 자'만으로 점을 본다는 용한 점쟁이를 찾아 대전까지 내려갔던 친구가, 내려간 참에 내 이름을 대고 언제 결혼하는지 물었더니 던져준 대답이란다. 어떤 여자 분이 L형에게 R이 지금 연애 중인지 살짝 물었던 적이 있었더랬는데, L형의 대답은 이랬다고 한다.

– 줄기차게 연애 중입니다!

정답이다. 난 한 순간도 연애를 멈춘 적이 없다. 다만 그 연애의 대상이 이성에 한정되지 않았을 뿐.

나의 그이는 이성異性 이 되기도 하고, 봄Spring 이란 계절이 되기도 하고, 마리안느(화초)가 되기도 하고, 숲이 되기도 하고, 바람이 되기도 하고, 내 머리맡을 포근하게 쓰다듬던 눈발이 되기도 하고, 그러다가 때로는 길과 바람이 나서 깊은 관계를 맺기도 했다.

그래, 이참에 커밍아웃을 하자면, 나는 이성애자Heterosexual 도 아니고 양성애자Bisexual 도 아니고 다성애자Poly-sexual 다. 사전 같은 데에는 없는 말이지만, 말하자면 폴리섹슈얼! 그래서 앞으론 나의 성 정체성에 대해 누군가가 물어본다면, I am poly-sexual!

길과 사랑에 빠지고 관계까지 맺는다니 이상하게 들릴지도 모르겠지만, 사실 연인과 사랑에 빠질 때나 길과 사랑에 빠질 때나 첫 만남부터 이별까지, 혹은 첫 만남부터 결혼까지 별반 다를 바가 없다. 가령 결혼상담소를 통해 배우자를 만나는 것은 마치 여행사를 통해 패키지여행 코스를 고르는 것과 같다. 상대(여행 코스)의 조건을 보고, 자신의 능력(여행 경비)을 맞추고, 정해진 장소(여행지)에서 만남을 가진다. 만나고 보면 마음에 들 수도 있고 아닐 수도 있다.

그렇지만 일단 원만한 결혼이 되기 위한 수많은 조건들을 미리 맞춰서 만남을 주선해주니, 미팅, 소개팅, 헌팅 등등보다도 훨씬 혼인 성사율이 높다고 한다. 다시 말해 안전하고 표준화되어 있다는 것이다. 그래서 안전하고 표준화된 것들을 선호하는 사람들은 결혼상담소 같은 여행사 홈페이지를 들어가면 된다. 그러나 처음부터 결혼상담소를 찾고 싶은 젊은이들이 어디 있겠는가?

우연히 만난 상대랑 운명처럼 아름다운 사랑을 해보았으면 하는 것은 모든 이들의 로망이다. 무슨 말이냐고? 달콤한 로맨스가 그러하듯 운명처럼 길을 만나고 싶다면 계획되지 않은 여행을 떠나서 우연히 길을 만나야 한다는 것이다. 그리고 뭇 연인들이 그러하듯이 길과 차츰 차츰 사랑이 깊어지면, 그 만남이 우연이 아니라 필연이었다는것을 깨닫게 된다.

얼마 전에 읽은 과학자들의 연구에 따르면 낯선 사람끼리 첫눈에 반하는 데 걸리는 시간은 채 1초도 걸리지 않는다고 한다. 이성과의 첫눈도 그렇지만 길과의 첫눈도 그렇다. 그리고 첫눈에 반했을 때는 비록 전혀 모르는 낯선 길일지라도 절대 놓치지 말아야 한다. 부다페스트에서 비엔나로 가는 기차간에서 셀린느(줄리 델피)를 만난 제시(에단 호크)처럼.

길과 사랑에 빠지다

— L형, 『비포 선라이즈 Before Sunrise』랑 『비포 선셋 Before Sunset』 봤어요?
— 아니, 보지는 않았어. 어느 영화가 먼저 나온 거야?
— 『비포 선라이즈』. 얼마 전에 DVD로 『비포 선셋』을 봤는데 재미있는 대사들이 많이 나와. 러닝타임 내내 떠들어대는 영화이기도 했지만!

서울에서 강원도로 가는 국도 위. L형과 나는 간만에 침낭과 두툼한 담요를 챙겨 들고 나선 참이었다. 우리들에게 침낭과 담요를 챙긴다는 것은 마치 '해 뜨기 전(비포 선라이즈)' 제시와 셀린느가 비엔나의 다리 위에서 "세상에 존재하지 않는 시간(길이나 풍경)을 우리들이 만들어낸 것만 같다"며 놀라워할 때와 같은, 그런 순간을 맞이하기 위한 의식 같은 것이었다.

그런 순간을 맞이하기 위해선 또한 제시와 셀린느(길)의 만남처럼 계획되지 않은 만남이어야 한다는 것을 우리는 이미 잘 알고 있었다. 뚜렷한 것은 낯선 곳에 차를 세우고 잠을 잔다는 것뿐, 어디 가서 무엇을 구경하고 어디에 차를 세울 것인지 같은 건 그저 우연에 맡기는 것이다.

― 『비포 선셋』을 보면 성격과 기질에 대한 재미있는 얘기가 나와요. 과학자들이 로또 당첨자와 하반신 마비 환자를 6개월간 관찰, 연구를 했대요. 양쪽이 닥친 상황은 서로 극과 극이죠. 근데 나중엔 양쪽 모두 본래 성격으로 돌아가더라는 거예요. 낙천적이고 농담을 잘했던 사람은 6개월 뒤 휠체어에 앉은 채로도 여전히 낙천적으로 농담을 해대고, 비관적이고 뒤틀린 사람은 큰 집과 캐딜락과 요트가 생겼지만, 6개월 뒤엔 여전히 불평불만에 비관적인 인간으로 지내더라는 거죠. 기질 자체는 변하지 않는다는 얘기였죠.

― 그런 거 같아.

― 난 정말 공감했어요. 제가 작년에 암자에서 지낼 때, 제초기 칼날이 튀어서 발등의 힘줄, 혈관, 신경, 인대가 다 잘렸잖아요. 가족들에게 알리면 걱정할 것 같아서 별일 아닌 것처럼 얘기하고 간병하러 올 필요 없다며 혼자 병원에서 지냈죠. 그리고 한 달 후 집엘 갔는데 양말을 신다가 킬킬거리며 한참을 웃었어요. 어머니가 묻더군요. 걷지도 못하면서 뭐가 좋다고 그렇게 웃어대냐고. 그래서 대답했죠. 어머니, 양말 한 켤레로 하루를 신는데, 기브스를 하고 있어서 한쪽만 신으니 이틀 신을 수 있잖아요!

― 하하하하하―.

― 그리고 또 그 연구 결과가 재미있는 건, 큰 집과 캐딜락과

요트와 같은 물질이나 경제적 부가 인간을 행복하게 해주지는 않았다는 것을 과학적으로 증명해줬다는 점이죠.
- 그렇군.
- 근데 천성은 안 바뀐다고 사람들이 흔히 얘기하긴 하지만, 「우리 애가 달라졌어요」 같은 TV 프로그램을 보면 천성이라는 게 처음부터 있는 게 아니라 훈련을 통해 만들어지고 바뀌는 것 같아요. 물론 나이가 들면 살아온 세월이 있는 만큼 쉽게 바뀌지는 않겠죠. 그렇다고 해서 바꿀 수 없는 건 아니라고 생각해요. 한순간에 바뀔 수도 있고 오래 걸릴 수도 있고. 걸리는 시간이 다 다를 뿐이지요.

나의 낙천성은 기질적인 측면도 다분히 있었다고 할 수 있지만, 어느 정도 훈련의 결과라고 생각한다. 어린 시절부터 줄곧 낙천적이었던 것은 아니었으니까.

그러면 누가 그 훈련을 시켜줬느냐고 묻는다면, 나는 조금도 망설이지 않고 '길'이라고 대답하겠다. 말하자면 길은 나에게 세상의 모든 질환을 치료하는 만병통치약인 동시에 다정하고 세심하게 나를 이끌어주는 연상의 연인과도 같은 것이었다. 그것이 무엇이든 사랑하면 웃게 되고, 웃으면 행복해지고, 행복하면 건강해진다. 그리고 사랑을 하면 사랑하는 대상의 모든 것이 달콤하다. 사랑의 대상이 길이든, 이성이든, 동성이든.

ⓒ 이원욱

아하, 저 사람이 사랑에 빠져 있구나!

가령 진정 사랑하는 연인들 사이라면, 자정 무렵 수화기를 통해 들려오는 그이의 목소리는 달콤한 음악이고, 그이의 이야기는 달콤한 노래다. 그이를 진정 사랑한다면 잠들기 전 노래를 불러달라고 굳이 부탁할 필요가 없다. 이미 수화기를 든 순간부터 그이의 달콤한 노래를 듣고 있을 테니까.

　우리는 사랑에 빠진 이들을 첫눈에 알아볼 수 있다. 그 혹은 그녀는 비좁은 아침 통근 버스나 저녁의 지하철 안에서 누가 우스갯소리를 한 것도 아니고 재미난 풍경이 펼쳐지고 있는 것도 아닌데, 유리창을 바라보며 홀로 미소를 함빡 머금고 있다. 때론 혼자서 키득거리기도 한다. 나는 가끔 그런 모습을 볼 때면 '아하, 저 사람이 사랑에 빠져 있구나!' 하고 눈치를 챈다. 개인적 체험을 통해서 행동이나 표정만 봐도 알 수 있는 것이다.

　물론 나는 그 개인적 체험의 표현 정도가 조금 더 과격하긴 하다. 호수와 강과 숲을 따라 S라인을 뽐내는 아름다운 길과 연애를 할 때면, 운전대를 잠깐 놓으며 마구 손뼉을 쳐대기도 하고, 함박웃음을 짓고 "야호!" 하고 행복한 비명을 질러대기도 한다. 마치 첫눈에 반한 이성의 뒤를 밟아가듯 그렇게 나는 길과의 사랑에 빠져든다.

　'길과 연애하는 여행자'의 러닝타임이 다 되어가도록 지금 가고 있는 길 이야기는 하지 않고, 처음부터 줄기차게 수다(대사)만 늘어놓은 것 같다. 마치 『비포 선라이즈』의 제시와 셀린느처럼. 굳이 이 글에 부제를 붙이자면, '여행이 시작되기 전 Before a travel start'.

'이번 계절엔 정말 어딘가로 떠나야지!' 하며 잠드는 그대여,
때론 잠 속에서 길의 꿈도 꾸겠지.
그동안 지나온 길들과 앞으로 가게 될 길들에 대해서.

그대는 아는가,
 길들 역시 꿈을 꾼다는 것을,
그대의 꿈을 꾸고 있다는 것을!
귀갓길 담벼락에 기대어 올려다본 별들의 반짝임이란
당신이 오래 전 사랑했던 어느 길이 보낸
그리움의 신호였음을.
아침 출근길에 바라본 샛별 걸린 하늘이란
당신을 짝사랑하고 있는 어느 길이
밤새 당신에게 보내온 연서(戀書)였음을.

그대는 아는가,
지나간 모든 길들과의 만남이란
그대의 꿈을 꾸곤 했었던 길들과의 만남이었다는 것을.

그대는 아는가,
잠든 그대의 머리맡에서 애처로이 당신을 내려다보다가
새벽이면 사라지는 길들의 그리움을.
길들 역시 그대를 그리워하고 있다는 것을!

홍천에서 양양 가는 길에 만난 비밀의 햇볕

― 여기서부터 본격적인 길이 시작돼!

홍천의 철정삼거리에서 451번 지방도로 핸들을 꺾는 순간, L형이 한껏 상기된 목소리로 길을 가리켰다.

― 저기 군인 휴양소 뒤에 내가 있던 부대가 있어.

이 땅 사내들은 널리 알려지지는 않았지만, 정말 한가롭고 아름다운 길 하나쯤은 기억 속에 간직하고 있거나, 있게 된다. 도서산간벽지 자대(自隊) 앞을 지나가던 길 말이다. 주변엔 딱히 건물도 없고, 있으나마 건물도 병영 안을 들여다볼 수 없도록 낮게 포복하고, 전경(全景)을 조망할 수 있는 언덕엔 초소들이 비엔나소시지마냥 줄줄이 이어지는

1장 다성애자의 사랑법 029

곳. 그런 부대들 앞으로 지나가는 길은 군용 트럭이나 장교들이 타는 승용차를 제외하면 한적하기 이를 데 없는 길들이기 일쑤이다.

길을 떠나며 우리들이 유일하게 미리 점찍어둔 목적지가 홍천의 철정삼거리부터 태백산맥을 파고드는 451번 지방도, 바로 L형이 푸른 스물의 한때 무수히 지나다녔던 부대 앞길이었다. L형이 손을 내밀어 가리키는 오른쪽 방향으론 홍천강의 지류인 내촌천이 '엄마야, 누나야, 강변 살자!' 노래를 부르고 싶을 만큼 강원도다운 풍광을 뽐내며 흘러가고 있었고, 왼쪽으론 위병소가 하품하듯 입을 '허' 벌리고 서 있었다.

맑고 단아한 계곡과 물길이 가는 대로 구부러지는 지방도. 간간히 펜션이나 음식점의 이정표가 나오고 이어 이정표에 나온 펜션과 음식점이 등장하기도 했지만, 대부분의 길 위에서는 건물도 사람도 보이지 않았다. 햇살만이 도로 한가운데서 놀고 있다가 내 낡은 로시난테가 지나갈 때면 슬며시 길을 비켜줄 뿐.

L형은 십여 년 전이나 지금이나 별반 달라진 게 없는 풍경이라고 했다. 그랬을 것이다. 도시에서 멀찌감치 떨어져 앉은 산과 물이 제대로 텃세를 부려주고 있는 땅이고, 그런 땅의 길이니까.

나는 슬금슬금 눈동자를 더듬어오는 길의 교태에 넘어가다가, Sublime의 「The Way」가 귀까지 간질이자 기어이 비명을 지르고 말았다. 야호!!!

- 신분증 주시고 트렁크 좀 열어주세요.

차 안에서의 내 즐거운 비명 소리가 노상 음란 행위죄에 해당되기라도 하는지, 검문소도 아닌데 길 한가운데를 막고 경찰이 서 있었다. 강원도를 넘나들며 간혹 헌병들의 검문을 받고는 했지만, 이건 또 무슨 일이람?

트렁크를 열고 지갑에서 운전면허증을 꺼냈다. 신분증을 받아 든 경찰은 내 주민번호를 휴대폰에 찍으며 "확인 바랍니다"라고 말했다. 뭘 확인해달라는 걸까?

- 무슨 일이죠?
- 유괴 사건이 있어서요.
- 누구를……?
- 어린애가 유괴됐어요.

비밀의 햇볕

『그놈 목소리』처럼 유괴 사건 자체를 다루는 영화는 아니었지만, 나는 『밀양 Secret Sunshine』을 보면서도 유괴범에 대해서 얼마나 분노했었는지 모른다. 오죽 했으면 영화를 보는 중에 입에 안 담던 욕을 해대고, '세상에서 젤 비겁한 범죄가 어린아이들을 유괴하는 거야!' 라며 분통을 터뜨렸을까.

그런데 지난여름 마침 밀양密陽을 지나 창원에 내려갔을 때의 일이었다. 막내 여동생네 집에서 묵는 동안, 오빠가 왔다는 소식에 부산 사는 여동생도 아이를 데리고 매제와 함께 창원으로 넘어왔다.

동갑내기 사내들은 죽이 맞아 마루에서 떠들고 놀고, 초등학교 1학년 동갑내기 조카들은 소파에 나란히 앉아 애니메이션을 보고, 쌍둥이 누이들은 부엌 식탁에 앉아 갓 학부모가 된 입장에서 아이들 교육 문제를 상의하고 있는 듯했다.

다음 날, 나는 막내로부터 촌지와 치맛바람에 절대 휩쓸리지 않겠다던 언니가 요즘 고민이 많다는 얘기를 들었다. 쌍둥이 누이 중 언니 쪽은 유난히 자존감이 강해서 좀처럼 주변 상황에 휩쓸리지 않는 아이였다. 그러나 요는 자신이야 초등학

교-촌지 교사·학부모의 치맛바람에 뒤얽힌 사연과 얼마든지 싸우고 견딜 수 있지만, 아이가 정신적 피해를 당하면서 주눅이 들어 삐뚤어지지 않을까 걱정이라는 하소연이었다.

어느 늙은 여우같은 선생이 어린아이를 볼모로 학부모를 길들이며 돈을 뜯어내고 있었고, 사명감 없이 교사가 된 한 여우는 여우 굴에 발을 들여놓은 지 10년도 되지 않아 늙은 여우를 닮아가고 있었다. 답답한 마음에 초등학교 선생으로 있는 대학 동기에게 조언을 부탁했더니, 고작 이런 말을 해주더란다.

- 얘! 만날 천날 급식 봉사, 청소 봉사 허리 부러지게 해봐라! 아무도 너 안 알아준다. 아이 성격 버리지 않으려면 돈 갖다 줘. 그리고 스승의 날이니, 명절이니 해서 선물 갖다 주는 건 별 효력 없거든. 매달 일정 금액을 꼬박 꼬박 줘야지 효과가 있어. 솔직히 얘기하자면 두 달 치 촌지가 내 한 달 월급보다 더 많아.

그들은 유괴범이었다. 아이를 볼모로 부모를 길들이고 돈을 뜯어내는.

어쩌면 이 땅에서 유괴범 최고 밀집 지역은 교도소가 아닐지도 모르겠다는 억측을 했다. 촌지 교사들이 '세상에서 가장 비겁한 범죄'를 저지르는 유괴범과 다른 점이 무엇인가? 차이가 있다면 유괴범은 아이의 '생명'을 죽이지만 그들은 아이의 '영혼'을 죽인다는 것, 한 명의 유괴범은 한 아이의 '생명'을 죽이지만 그들은 평생 교직에 있으면서 수십, 수백 명 아이들의 '영혼'을 죽인다는 것일 게다.

물론 모든 어른이 유괴범이 아니듯이 모든 교사가 유괴범은 아니다. 안하무인에 교사의 뺨까지 때리는 잘난 학부모들, 임대아파트 아이들과는 놀지 말라고 아이들을 가르치는 몰지각한 학부모들, 아이들의 영혼쯤은 아무 것도 아니라고 여기는 일부 촌지 교사들이 흐려놓은 문제들은 쉬쉬하는 사이 어디서부터 어떻게 풀어야 할지 모를 정도로 뒤엉켜 있었다.

— 됐습니다. 가시죠.

경찰관으로부터 신분증을 돌려받으며 나는 유괴되었다는 그 아이가 부디 무사하기를 비는 것 외에는 달리 할 수 있는 일이 없었다. 아이 교육 문제로 고심하는 누이에게 짤막한 당부 외에는 달리 할 말이 없었던 것처럼.

— 누이야! 세상에 아이가 자라는 동안 가르쳐야 할 100가지가 있다고 하자. 근데 지금 내가 알려주는 이것 한 가지만 제대로 가르치면,

그 아이는 절대로 세상에 주눅 들거나 비뚤어지지 않는단다. 명심해. 어려서부터 가난하거나 힘든 사람들을 도와주고 싶은 마음을 갖게 하고, 그 마음을 행동으로 옮기는 게 습관이 되도록 가르쳐라. 그러면 그 아이는 자라면서 절대로 세상에 주눅 들거나 삐뚤어지지 않는다.

한국의 명수名水, 방동약수?

1,000m를 헐떡헐떡 넘는 응봉산(1,103m), 가득봉(1,060m), 백우산(1,099m) 사이 아홉 고개를 넘어서자 공터 하나가 나와 잠시 차를 세웠다. 나무 그늘 아래에선 트럭에 물건을 싣고 다니며 장사를 하는 젊은 부부가 도란도란 점심 식사를 하고 있었고, 공터 앞 절벽 앞에 서자 저 멀리 첩첩 산들을 아래 두고 우뚝 솟아 있을 설악산이 구름을 휘감고 있었다. 동북쪽으로 난 고개 아랫길은 마치 설악산을 관통이라도 할 듯 가느다랗고 미끈하게 뻗어 있어 시동 거는 내 마음의 애간장을 다 녹이고…….

내 마음의 애간장을 다 녹이고……

고개를 내려서자 길은 31번 국도와 접도하면서 끝이 나고 동쪽으로 446번 지방도가 또 다른 가지를 쳤지만, 우리는 방내천을 따라 31번 국도 쪽으로 더 올라가기로 했다. 418번 지방도가 나오면 그때 샛길로 빠지자.

L형이 군 생활을 하는 동안 가끔씩 오가곤 했다는 방동약수를 찾아가보기로 했다. 강원도 인제군 기린면 방동리. 방태산 자연휴양림 근처에 있는 방동약수는 '한국의 명수'로 지정될 만큼 효험이 있다고 알려진 신비의 물이라고 했다. 탄산 성분이 많아 톡 쏘는 맛이 강하며, 철, 망간, 불소가 들어 있어 위장병과 소화 촉진에도 좋다…… 나?

아무튼 L형의 신명 난 설명을 한 귀로 듣고 입맛 다시며 언덕바지를 올라갔다. 방태산 자연휴양림 가는 오르막에서 방동약수 가는 길로 들어섰는데, L형의 말에 따르면 1990년대 초반엔 비포장인 탓에 걸어갔었다고 하니, 이제는 정말 유명해져서 포장길도 생기고 사람들도 많이 오가긴 오가나 보다.

방동약수 입구 주차장에 차를 세우고, 우리는 500ml 빈 생수통 하나씩을 들고서 돌계단을 올라갔다. '콸콸콸콸' 방태산에서 흘러내려오는 물줄기가 쉴 새 없이 흘러가고, 산뜻하게 놓인 나무다리도 건넜다. 엄나무 아래 깊이 파인 암반 사이에서 솟는 약수터는 각진 돌들로 감싸져 있었는데, 약수가 솟는 곳에는 철분 때문인지 돌들이 시뻘겋게 변색되어 있었다. 그 색깔이며 느낌이 왠지 께름칙했다.

그러나 '지금으로부터 300여 년 전 어느 심마니가 이곳에서 신비의 명약, 육구만달이라는 산삼을 캤다. 바로 그 산삼 캐낸 자리에서 약수가 치솟았는데 이것이 방동약수라고 전해진다. 그 후 많은 사람들이 이 약수를 마시고 큰 효험을 보았다'고 한다니 어디 물맛이나 한번 보자. 흠, 그동안 맛본 중 최고였던 섬진강 발원지 데미샘 물맛을 넘어설까? 벌컥 벌컥 벌컥.

목도 마르던 참에 한껏 들이키기는 했지만, 금속 알레르기가 있는 탓에 금속 장신구나 시계도 차지 않고, 인도를 걸을 때 맨홀도 밟지 않으며, 심지어 철을 싫어해서 철(?)도 들지 않은 나는 철분 가득한 그 물맛이 그다지 좋지 않았다.

- L형, 이 물이 좋긴 좋은 거야?
- 일단 몸에 좋다고 하니까 찾는 거겠지.

자리를 비켜주자 L형도 내려서서 물맛을 보고 생수통 가득 물을 담는 사이 뒤돌아서는데, 좀 더 일찍 볼 걸 그랬나, 아님 차라리 보지 말 것을 그랬나?

일반 세균 '검출'을 시작으로 대장균 '기준 초과', 그 외 각종 항목 '부적합' 등등의 머리가 샛노래지는 결과들이 줄줄이 이어지면서 마지막으로 '불합격'이란 글자가 근래 조사된 방동약수 수질 검사표에 뻔뻔스레 붙어 있었다.

이런, 이런, 이런! 그 순간 갑자기 뱃속의 세균과 대장균이 부글부글 초속 36,000배로 세포 분열을 해대더니 목구멍을 넘어오는 것 같았다. 우웩! 우웩! 우웩! 생수통 마개를 잠그며 L형이 어리둥절한 눈으로 쳐다보았다.

– 왜 그래?

우리는 한바탕 어이없는 웃음을 웃어대며 방동약수를 내려왔다. 생수 대신 방동약수를 담아 와서 여행길에 마시려고 했는데, 아무래도 그냥 생수를 사야 할 듯했다.

방동약수에서 내려온 우리는 418번 지방도를 따라 동쪽으로 향했다. 길을 따라 다시 방대천이 이어졌고, 지도상에서 비포장으로 그려진 길은 다행히 포장이 되어 있어 내 늙은 로시난테가 안도의 한숨을 내쉬었다(이번 여행에는 네비게이션을 장착하고 떠났지만, 쉴 새 없이 샛길을 넘나드는 내 여행 취향상 이곳에서 저곳까지 가장 빠른 길을 찾아내는 네비게이션은 큰 도움이 되지 않았다. 결국 아날로그식 지도를 들여다보는 수밖에).

길은 양양군에 이르러 다시 남대천의 지류인 후천을 만나며 56번 국도로 이어졌다. 강원도 푸른 산, 맑은 물을 끼고 길을 가노라니 세균 들어간 위장도 말끔히 씻겨나가는 듯 상쾌해졌다. 후천을 따라 바다로, 바다로 가는 길 위로 세균 한 점 없을 듯 푸른 가을 하늘이 파란 연처럼 높이 높이 떠오르고 있더라.

🍃 방동약수 수질 검사는 정기적으로 이루어지는 것으로 미리 인제군에 전화로 확인하시고 가면 됩니다.

천 개의 베개, 하나의 길

- 자네는 천 개의 베개를 가졌어.

다성애자의 사랑법 3

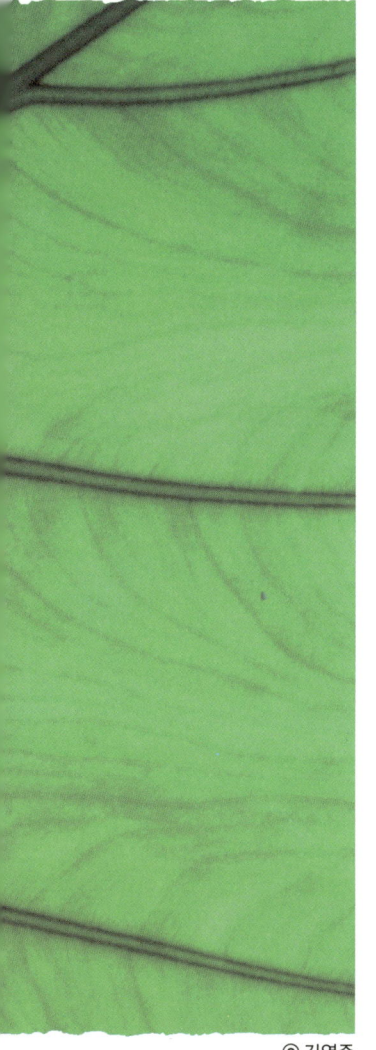
ⓒ김영준

　내가 들은 그 예언이 중학교 시절 친구 네 집에서 본 컴퓨터 사주풀이 Ver 2.0에서 읽은 글인지, 고등학교 시절 역학 서적을 탐독하던 친구의 입에서 나온 말인지 뚜렷하지는 않다.

　아무튼 천 개의 베개를 가졌다는 말을 나름대로 풀이하자면 천千의 장소에서 잠을 잔다는 뜻으로 해석될 듯한데, 지금껏 몇 군데에서 잠을 잤는지 세어보지 않았으니 정확한 숫자는 알 턱이 없고, 그런 까닭에 얼마나 더 남았는지도 모르겠다. 어려서부터 낯선 곳에서 잠자는 것을 무척이나 좋아했으니, 아마도 대한민국 국민 평균 베개량보다는 조금 많겠지.

십 대 시절부터 부모님이 집을 비운 친구네 집에 모일 때면, 그곳엔 언제나 내가 있었다. '능금'과 '앵두'와 '소저'가 등장하는 무협지를 처음 읽은 것도 그 무렵이고, 호환, 마마, 전쟁보다 무서운 영화와 'FBI WARNING'이란 붉은 경고문으로 시작되는 비디오를 본 것도 그 무렵이리라. 그러나 그런 음성적인 영화를 보기 위해 친구네 집에 놀러 간 것은 아니었다. 그냥 좋았다. 낯설고 익숙하지 않은 장소에서 잠들기 전에 나를 지나가는 어떤 느낌이.

　햇살 따뜻한 날엔 해변의 모래사장에서 책을 읽다 낮잠을 자고 집으로 돌아오기도 했고, 어떤 날엔 밤새 길을 걷다 농가의 헛간에 들어가 한숨 자고 일어나 다시 길을 걷기도 했으며, 스무 살 무렵엔 대학로에서 술 마시고 심야 택시비도 없이 무작정 길을 걷다, 너무 피곤하고 추워서 낯선 건물의 사무실 문을 따고 들어가 잠든 적도 있었다. 비디오테이프와 여러 대의 비디오플레이어, 그리고 만화책이 가득한 사무실이었다.

　그곳에서 소파에 누워 만화 잡지를 읽다 잠들었는데, 다음 날 아침 그 회사 직원들이 들이닥쳤을 땐 난 이미 한강을 가로지르는 지하철을 타고 내 자취방으로 돌아가고 있었다. 아마 그들은 밤새 누가 다녀간 줄도 몰랐으리라. 그래서였을까? 김기덕 감독의 『빈집』 중 어떤 장면들에선 마치 내 모습을 훔쳐보고 있는 듯한 기분이 들었던 까닭이.

후천성 샛길 증후군 Acquired Byroad Syndrome 탓에 얘기가 너무 먼 곳까지 가버렸지만 나는 여행의 하이라이트는 낯선 곳에서 잠을 자는 데 있다고 여긴다. 그날 보고, 듣고, 맛본 것들에서 감흥을 얻기도 하지만, 낯선 곳에 잠자리를 준비하고 누웠을 때만큼 여행의 흥을 돋우는 순간이 또 있을까.

바다가 내려다보이는 호텔 침대에 누웠을 때나, 타인들의 지문과 들숨과 날숨이 배어 있는 여관에 누웠을 때나, 산속에 텐트를 치고 사방에서 들려오는 소리를 들으며 잠들 때나, 방파제 끝에 자동차를 세우고 의자를 뒤로 꺾어 잠들 때, 나는 '꿈길'이라는 또 다른 여행에 나서는 나그네가 된 것만 같다. 비록 그날의 잠 속에 어떤 꿈도 찾아오지 않는다 할지라도 잠들기 전의 그 설렘만으로도, 낯선 곳에서의 잠은 충분히 가치가 있다고 생각하는 것이다.

아, 낙산사여

양양에서 바다로 나온 우리는 7번 국도를 따라 설악을 왼쪽에, 동해바다를 오른쪽으로 어깨동무를 하고 가면서, 그날의 설레는 꿈길을 제공해줄 천분의 일의 잠자리를 찾고 있었다. 아, 그 전에 낙산사에 들렀구나!

배꽃은 벌써 지고 소쩍새 슬피 울 때,
낙산사 동쪽 언덕으로 의상대에 올라 앉아,
해돋이를 보려고 한밤중쯤 일어나니,
상서로운 구름이 뭉게뭉게 피어나는 듯,
여섯 마리 용이 해를 떠받치는 듯,
바다에서 솟아오를 때는 온 세상이 일렁이는 듯하더니,
하늘에 치솟아 뜨니 가는 머리카락도 헤아릴 만하구나.
혹시나 지나가는 구름이 해 근처에 머무를까 두렵구나.
이백은 어디 가고 시구만 남았느냐!
천지간 장한 소식을 자세히도 알 수 있겠도다.

— 송강 정철의 「관동별곡」 중

양양의 메밀국수가 맛있다 하여 비빔메밀국수 한 그릇을 맛있게 먹고 나자 강화 보문사, 남해 보리암과 더불어 전국 3대 관음도량으로 꼽히는 양양 낙산사가 가고 싶어졌다. 낙산 해수욕장 북쪽 끝에 자리 잡고 있는 낙산사는 예로부터 간성의 청간정, 강릉의 경포대, 고성의 삼일포, 삼척의 죽서루, 울진의 망양정, 통천의 총석정, 평해의 월송정과 함께 관동팔경關東八景, 대관령 동쪽 베스트 8 이라 일컬어지며 고려 말엽엔 안축의 관동별곡 제6장을 장식하기도 했고, 조선에 이르러선 뭇 사람들로 하여금 새벽잠을 설치게 만들곤 했다.

고교 시절 수학여행 길에 들르고는 처음이었으니 정말 오랜만이었다. 그러나 나도 그때의 내가 아니고, 낙산사도 그때의 낙산사가 아니었다. 2005년 식목일 천년고찰 낙산사를 덮친 화마火魔가 낙산사 창건의 모태가 되는 홍련암과 의상대를 제외하고 모든 것들을 휩쓸었다. 천지간 흉한 소식. 낙산사 거의 모든 목조 건물들이 소실되었고, 보물 479호 낙산사 동종도 불길에 녹아버렸을 뿐만 아니라 낙산사 낙락장송들이 모두 불에 타 죽고 말았다.

안타깝기는 매한가지지만 원통보전을 비롯한 전각들이야 다시 지으면 될 일이고, 동종 역시 다시 만들면 될 일이며, 또한 복원하는 데 몇 년 걸릴 일도 아니지만, 낙산사가 관동팔경으로 자리매김하는 데 한몫하던 노송들은 인공 조형물처럼 몇 년 만에 뚝딱뚝딱 만들어지는 것이 아니니, 노송과 어우러지는 낙산사의 정취를 기억하고 있는 이들에겐 이것이 가장 안타까운 일일 것이다. 추억의 원형이 사라질 때 그 아픔이란 얼마나 큰 것인가!

　천년고찰 낙산사는 그날의 사건으로 옛 영광을 소실해버린 탓인지, 다시 관광객들과 불자들을 불러 모으기 위해 입장료도 없애고 무료 커피자판기도 운영하며 갖은 노력을 다하고 있었다. 이미 지은 건물들과 짓고 있는 전각들의 복원 속도를 짐작해볼 때, 머지않은 시간이면 옛 면모를 다시 갖출 수 있을 듯했다. 그러나 당장 해수관음상으로 가는 길, 노송들이 가려주던 햇살이 거칠 것 없이 내리꽂히니, 오르막길이 한결 힘들게 느껴졌다. 만약 그 길을 따라 핀 코스모스가 흔들흔들 내 발걸음과 박자를 맞춰주지 않았더라면 그만 돌아서고 말았을 것이다.

　새까맣게 그을렸던 해수관음상은 이제 말끔하게 씻겨 한 손에는 감로수를 받쳐 들고, 하얀 천의를 드리운 채 바다를 내려다보고 서 있었다. 나는 '동양 최대 관음상'이라는 겉치레보다는, 해수관음상의 탁월한 균형감과 매혹적인 자태에 완전히 매료되고 말았다. 나바위 성당의 마리아상을 볼 때처럼 어떤 자력이 있어서 내 내면의 무언가를 끌어당기는 듯했다.

　해수관음상의 앞과 옆과 뒤를 보고, 멀리 또는 가까이에서 보는 사이 어떤 지점에서 그 자력은 더 강렬해졌고, 나는 감전이라도 된 듯 한자리에 멈춰 섰다. 과연 누가 이 관음상을 조각했을까?

여행에서 돌아와서야 그 답을 알게 되었는데, 낙산사 해수관음상은 700여 톤의 돌을 전라남도 익산의 채석장에서 반입하여 권정환 조각가에 의해 만들어졌다. 1972년 5월 착수하여 1977년 11월 6일에 점안하기까지 권정환 조각가는 매일 관음 기도를 드리고 몇 차례나 고쳐 새겨 원만상호를 이루고자 하였다고 한다. 오귀스트 로댕과 미켈란젤로의 이름은 알면서, 그저 '석공'이고 '목공'으로만 알려진 과거 이 땅의 조각가들에 대해선 공부하지 않고, 또한 현재의 전통문화조각 장인들의 이름 하나 변변히 알지 못하는 내가 부끄러웠다.

오늘은 어느 길 위에서 잠들 것인가

해가 기울기 시작했고, 우리는 다시 '잠들고 싶은 장소'를 찾기 위해 북진했다. 7번 국도가 동해안을 따라 올라가는 해안 도로이긴 하나 전 구간이 바다와 직접 인접해서 이어져 있는 것은 아니다.

나는 어촌 마을이 나올 때마다 리아스식 해안을 따라가듯 들락날락했다. 속초에 이어 아야진을 지나고 백도를 만났다. 하얀 돌섬이 바라다 보이는 작은 해변은 고즈넉하고 아름다웠다. 불 꺼진 한 채의 모텔이 해변을 바라보며 서 있었고, 백도는 차츰차츰 명도를 낮추며 어둠 속에 잠기고 있었다.

헤드라이트를 켜고 농로로 사용되는 듯한 가느다란 길을 따라갔다. 멀찌감치 7번 국도를 지나는 차량들이 불을 밝히며 오르락내리락하고 있었다. 길이 끊어지고 다시 7번 국도로 빠져나가 북진했다. 곧 대형 식당들이 불 밝히고 있는 삼포해수욕장이 나왔다.

콘도 앞에는 MT를 온 듯한 학생들이 족구를 하고 있었다. 피서철엔 시간당 주차비를 받았을 주차장엔 가로대도 없고 관리인도 보이지 않았다. 해변을 향해 차를 세웠다. 삼포에 얽힌 부끄러운 기억 하나가 떠올랐다.

새내기 시절, 동아리 사람들과 삼포로 MT를 왔다. 피서철이 지난 후였지만 수영이 너무 하고 싶었다. 그러나 낮에 수영복도 입지 않고 바다에 들어가긴 뭣해서 밤을 기다렸다. 비록 야간 수영 금지 구역이었지만 나는 바다를 향해 걸으며 신발을 벗고, 웃통을 벗고, 바지를 내렸다. 엉겁결에 따라온 MT인지라 하나밖에 없는 팬티가 젖으면 안 되니 팬티까지 벗고 바다 속으로 풍덩 들어갔는데, 그날 밤 나도 모르게 나의 누드 사진이 촬영되었다. 사진이 찍히는 줄 나만 몰랐던 것이다.

개학하고 학교를 돌아다니는데, 법대 건물을 지나칠 때면 여자애들이 자꾸만 킬킬거렸다. 그래서 '왜 저러지? 왜 저러지?' 했는데 결국 웃음을 참지 못한 한 선배가 하는 소리.

- 그날 B선배가 네 사진을 찍었어. 사진 찾자마자 또 C선배가 그 사진을 자기네 과에서 돌렸지. 지금 법대에서 남녀 불문하고 다 봤어. 까무잡잡한 네 엉덩이가 예쁘다고 C선배가 지금 소개팅 건수 잡아 놓은 것만 해도 장난 아냐.

으악! 당장 C선배를 찾아 법대를 향했다. 법대 로비에서 복도를 지나가는 길에 내 얼굴 위로 흐르던 땀방울.

- C선배 어디 있어요?
- 수업 들어갔는데……. 혹시, 사진 찾으러? 크크크.
- ……네.
- 저기 붙어 있어.

사진은 음성적으로 돌고 있는 수준이 아니었다. 법대 학생들이 모두 지나다니는 장소의 게시판에 아주 공개적으로 '팍' 붙어 있었으니! '소개팅 하실 분 신청하세요'란 글과 그 밑으로 줄줄이 매달려 있는 장난스런 문장과 낙서들. 이런 제기랄!

나는 부끄러운 기억을 뒤로 넘기고 '잠들고 싶은 장소'를 찾기 위해 또다시 북진했다. 간성까지 올라갔지만 이렇다 하게 맘에 드는 장소가 없었다. L형은 '진부령'을 지목했다. 진부령 정상은 모텔과 술

집과 휴게소가 즐비한 곳. 부산스러웠다. 백담계곡으로 내려섰지만 그 또한 맘에 안 들기는 매한가지였다.

L형은 다시 '한계령'을 지목했다. 한계령은 수마水魔로 인한 보수공사 중이었다. 그러니 한적하겠다 싶은 생각에 레미콘과 덤프트럭들을 지나 계속 오르막길을 올랐다. 그러나 공사판을 감시하는 차량이 경광등을 켜고 나타났고, 의심을 받을 수도 있겠다는 생각에 다시 내려왔다. 종일 운전대를 잡고 있었던 나는 지쳤고, 이제 그만 포기하고 모텔이나 잡아 자야겠다는 생각에 이르렀다. 그때 지도를 들여다보고 있던 L형이 '광치령'을 지목했다.

- 이 길을 가다가 31번 국도로 빠지면 광치령 터널이 있는데…….

'○○령'이란 이름을 달고 있는 터널 근처에는 반드시 에둘러가는 옛 고갯길이 있고, 그런 고갯길은 터널이 생기고 나면 차량 통행이 드물기 마련. 비포장이면 비포장인 대로 차를 세우고 잠들 만한 곳이 있겠지.

- 좋아요, 광치령에서 잡시다!

광치령 가는 31번 국도에서 야간 훈련 중인 군인들의 행렬과 마주쳤는데, 긴 행렬이 끝날 즈음에서 터널이 갑자기 입을 쩍 벌렸다. 우리는 광치령 들어서는 길을 놓친 것이다.

- 왜 안 보였지?
- 염려 마세요, 들어가는 길이 있다면 나오는 길이 있기 마련이니까 터널 지나서 찾아봐도 될 겁니다.

그러나 가로등조차 없는 캄캄한 산간 국도라 광치령으로 들어서는 샛길을 찾기란 쉽지 않았다.

얼마나 헤맸을까? 은둔하는 길의 사타구니와 겨드랑이에서 새어 나오는 로드 페로몬 향이 폴폴 코끝을 자극했다. 내 느낌으론 이 샛길이 확실했다.

길을 들어서고 얼마 지나지 않아 고양이 한 마리를 만났는데, 녀석은 오늘 내내 우리를 기다렸다는 듯 가만히 앞발을 내려놓고 도망을 가지도 않은 채, 우리가 지나쳐 갈 때까지 고개를 돌리며 쳐다보았다. 기분이 묘했다. 마치 인도 여행기에 등장하는 요기를 본 듯.

끼익-. '광치자연휴양림'이란 팻말이 길을 막고 서 있었다. 젠장! 길을 잘 찾긴 찾았는데, 광치령으로 올라가려면 광치자연휴양림을 통과해야 하는 것이다. 헤드라이트를 껐다.

- R! 어떡할까? 저 앞에 사무실에 지키는 사람도 있어. 다른 데 갈까?

흠, 이미 접수 시간도 지난 데다가 휴양림에서 묵는 것도 아니고, 고갯길에서 자겠다는 설명을 하자면 말만 길어질 테고, 괜히 말 꺼냈다가 수틀리면 그냥 뒤돌아서야 할 판이었다. 부릉, 부웅-. 나는 가속페달을 밟아버렸다. 까짓 거, 여기까지 왔는데!

사무실 관리인이 창문 밖으로 고개를 내미는 모습이 백미러로 보였다.

- R! 저 사람 계속 우리를 쳐다보는데 괜찮을까? 따라오면 어떡하지?
- 안 가보고 후회하느니 가보고 욕 들어먹는 게 나아요. 게다가 제 짐작엔 광치(미칠 狂, 어리석을 痴)가 아닌 바에야 이 시간에 우릴 뒤쫓아 오는 일은 절대 없을 겁니다.

광치령 오르막길을 달려 거친 비포장이 시작되는 지점에서 차를 세웠다. 휴대폰 조명을 비추며 안쪽으로 걸어가 보았다. 사륜 구동이 아니면 지나가기 힘든 길인데다가, 설령 사륜 구동이라고 하더라도 밤길에는 무리일 듯했다. 패이고 무너져 내린 돌들이 너무 많았다. 되돌아와서 아래쪽을 향해 차를 돌려 세웠다. 드디어 천분의 일이 될 잠자리가 정해진 것이다.

실내등을 켜고, 소주병을 따고, 술잔을 들이켰다. 둘이서 두 병을 비우고, 침낭과 모포를 챙기고, 실내등을 끄고, 의자를 뒤로 꺾어 누웠다. 달은 이미 산등성이를 넘어간 모양인지 사방은 먹물을 풀어놓은 듯 캄캄했다.

L형은 이내 규칙적으로 숨을 들이켰다 내쉬는 소리를 내며 깊은 잠으로 빠져들었다. 나는 술기운 탓인지 차 안이 너무 갑갑하게 느껴졌다. 차문을 열고 나와 경사진 고갯길 한가운데 침낭을 펴고 누웠다. 하늘엔 오리온과 카시오페이아가 걸려 있었고, 발아래로는 길 하나가 아래를 향한 채 죽 뻗어 있었다. 개울 흐르는 소리가 크게 들리다가 점점 잦아들었고, 숲을 흔드는 바람소리 크게 들리다가 점점 잦아들었다. 그리고 얼마쯤 지났을까. 떠나도 떠나지 않았고 떠나지 않아도 이미 떠나 있는 어떤 것이 내 몸을 지나가고 있었다.

보헤미안, 집시, 히피, 노마드, 역마살 등 수많은 여행 마니아들이 자신을 일반인들과 구분 짓고, 자신의 정처 없는 정신적 혈통에 낙인을 찍어두기 위해 사용하던 숱한 말들과 말들이 내게서 떨어져 나가고 '바람'마저 떨어져 나가 그 어떤 것에도 끄달리지 않은 채 내가 그냥 나이던 그 순간에, 떠나도 떠나 있지 않은 듯, 떠나지 않아도 언제나 떠나 있는 듯한 어떤 각성이 온몸의 세포 하나하나마다 퍼져가고 있었다.

그리고 서른 여 해 동안 쫓달려왔던 '떠나고 싶다'는 마음이 사라졌다. 그러나 그로 인해 '머무르고 싶다'는 마음이 생긴 것도 아니었다. 단지 내가 누워 있던 하나의 길 속에 이미 이 세계의 모든 길들이 들어 있었으며, 이 세계에 존재하는 모든 길들이 하나의 길 위에 누운 내 척추를 따라 찰나에, 한꺼번에 빨려 들어오고 있었다.

인간이라니, 그게 뭐죠?

자유라는 거지!

— 니코스 카잔차키스의 '그리스인 조르바' 중

지금은 잊힌 국도를 위하여

　나는 지도에서 사라지고, 기억에서 잊히고, 기계 문명으로부터 버려진 국도 위를 지나고 있었다. 소양호를 끼고 물 흐르듯 미끄러지는 길이 모롱이를 만날 때마다, 넉넉한 여백을 안고 있는 동양화 화첩의 새 폭幅을 넘겼다. 서울(양구) 방향 이정표가 신新 46번 국도 위로 옮겨지면서, 사람들의 기억에서 잊히고, 기계 문명으로부터 버려진 까닭에 아무도 다니지 않는 추곡~웅진 간 구舊 46번 국도.

　내가 로드 페로몬에 중독된 후천성 샛길 증후군 Acquired By road Syndrome 환자가 아니었더라면, 늙은 어부 한 명 눈에 띄지 않는 소양호 진경산수화 속으로 들어갈 수 있는 기회는 없었으리라. 은둔하는 절경의 겨드랑이에서 새어 나오던 체취 Road Pheromone 를 맡던 순간 핸들을 급히 샛길로 꺾지 않았더라면, 올림픽 구호마냥 '보다 더 빨리 Citius!'의 삶을 구축하기 위해 어제도 오늘도 만들어지고 있는 터널에서 터널로 오가는 삶에서, '한 번쯤은 일탈해보지 않겠니?' 하고 킬킬거리던 샛길의 웃음소리를 듣지 못했더라면 말이다.

나의 전작들을 비롯해 누적된 졸고들을 읽어본 독자라면, 내 글이 여행기로서 갖추어야 할 격식과 양식을 그다지 갖추고 있지 않다는 것을 이미 눈치 챘을 것이다. '가는 길'은 이러저러하고, 그곳엔 이런 '음식점'이 있고, 저런 '휴게소'가 있어서 식사와 휴식을 취할 수 있다는 식 말이다.

물론 그렇게 되어버린 데에는, 필자의 글에 혹 목적이 있다면 그것이 여행지를 안내하는 데 있지 않고 단지 독자들로 하여금 길 떠나고 싶은 '마음'을 부추기는 데 있는 탓이며, 한편으로는 은둔하는 절경이 이런 저런 경로로 알려지고 나면 소수나마 '깊은 맛'을 오감으로 느끼고 돌아가던 장소가 '얕은 맛'조차 못 느끼고 돌아서는 장소로 변해버리기 때문이다. 소문은 언제나 사람들만 몰고 오는 것이 아니라 개발의 포크레인과 유흥업소와 놀이공원을 함께 데리고 오므로.

그러나 이번 글에서 나는 여행기로서의 양식과 격식을 갖춰 '가는 길'을 아주 소상히 안내하고, 휴게소와 음식점에 대해서도 아주 자세히 밝힐 생각이다. 말하자면 이건 안내문이자 초대장 같은 것인데, 그러려면 일단 그날 아침에 만난 야릇한 고양이 이야기부터 시작해야겠다.

요기Yogi 같은 길 고양이 한 마리

낯선 곳에서 잠을 잘 때면 이 나이에도 종종 몽정을 하는 나는, 그날 아침 '다행이구나!' 하고 마른 팬티를 아쉽게(?) 느끼며 침낭 속에서 빠져 나왔다. 밤새 그 누구도 '광치자연휴양림'에 무단 잠입한 우리들을 찾아오지 않았고, 다만 어제 무단 잠입하는 모습을 목격한 관리인의 눈을 피해 빠져나가는 일만 남아 있었다.

물론 광치령을 내 늙은 로시난테를 타고 넘어갈 수 있다면 큰 문제가 없겠지만, 그날 아침 혼자 햇살에 훤히 속살을 드러내고 있는 S라인의 고갯길 깊숙이 들어가본 결과, 조심해서 지난다 하더라도 무리일 듯했다. 억지로 넘다간 나뭇가지에 옆구리가 긁혀 상처투성이가 되는 정도에서 끝날 게 아니라 내 늙은 로시난테의 배가 갈라지겠구나!

차로 다시 돌아온 나는 계곡으로 내려가 세수를 하고 한 모금 물을 들이켰다. 첩첩산중 논밭도 축사도 없는 물길을 따라 내려온 청정수는 웬만한 약수 저리 가라 할 정도로 목젖을 타고 내려갔다. 찌르르 퍼지는 청량감. 산은 깊고 물은 깨끗하니, 얼씨구나 좋을시고!

나는 되(지)도 않는 노래를 즉흥으로 지어서 불러댔다. 그 남자 작사, 그 여자…… 없다.

차 문을 열고 침낭을 개는 사이 L형도 부스스 이불을 털며 일어났다.

- 어……? 벌써 해 떴네. 사람들 눈 뜨기 전에 나가야 할 텐데.

무단 잠입은 좋았는데, 왔던 길로 다시 나가야 할 일이 자못 염려스런 아침 인사를 하며, L형은 이불 개고, 트렁크 열고, 이불을 쑤셔 넣고, 보조석에 앉았다.

- 지금이 딱 좋을 시간이에요. 식사 준비하고 밥상에 앉을 시간이니, 우리가 지나가도 모를 겁니다.

과연 그럴까? 물론 평일이고 보면 손님도 없고, 지나가봐야 무단 잠입한 우리 차량밖에 없을 그런 판이었다.

- 하하하, 믿어보세요. 관리소에서 지키고 있으면 어쩔 거야? 이미 볼 것 다 보고, 잘 것 다 잤겠다. 웃는 얼굴에 침 뱉기야 하겠어요? 하하하-.

그러나 웃을 일도, 침 뱉을 사람도 없었다. 식사 준비하고 밥상에 앉아 TV 보고 있을, 딱 그 시간이었으니까.

- 거 봐요. 제 말이 맞죠?

그렇게 기분 좋게 광치자연휴양림을 빠져 나오는데, 어 저 녀석은 뭐야, 밤새 저 자리에 앉아 있었단 말이야? 지난밤 마주쳤던 고양이 한 마리가 어제와 똑같은 자리에 앉아 우리를 쳐다보고 있었다, 마치 요기Yogi처럼.
　옆에 차를 세우고, 창문을 내리고, 사진을 찍는 동안에도 녀석은 도망가지 않았다. 올 녀석들이 오는 걸 보았고, 갈 녀석들이 가는 걸 지금 보고 있다는 식으로 말이다.
　묘妙한 고양이猫였다. 내 너를 잊지 않으마!

ⓒ 조용배

강원도 양구에 들어서자 등굣길에 오른 학생들이 버스정류장 앞에서 종종거리고, 갈 길 바쁜 차량들 쌩쌩 달려와 꽁무니에 바싹 달라붙곤 했다. 육중한 덩치의 대형 트럭들은 '빵빵' 뒤에서 크락션을 울려대기도 하고, 출근길이 급한 차량들은 '깜박깜박' 길을 재촉하기도 했다.

시속 60km가 규정 속도인 도로였지만 시속 60km를 유지하며 달리는 차량은 내 늙은 로시난테밖에 없었다. 그래, 다들 바쁘니까. 왕복 2차선이고, 추월차선이 있지도 않고, 비켜설 갓길이 따로 있지도 않으니까. 나는 뒤 차량이 재촉하는 대로 가속페달을 밟다가 비켜설 약간의 공간이라도 있으면 비켜서곤 했다. 끼익-.

- 왜? 무슨 일이냐?
- 아, 그냥······. 뒤에 붙은 차량이 바쁜가 봐요.

나는 갑자기 전통한옥을 짓는 목수이자 산악인이 된 L이 회사에 사직서를 쓰기 얼마 전에 겪었다던 한 에피소드를 떠올렸다. 꼭 그 한 가지 이유 때문만은 아니었지만, 퇴사를 결정하는 데 밑알이 되었던.

월요일 아침 L은 여느 날처럼 출근 버스를 탔다. 여느 날처럼 직장인들과 학생들과 아주머니, 아저씨들로 가득한 차 안이었다. 버스는 40분 후 회사 앞 정류장에 도착했다. 그는 사람들을 밀치고 나가 버스에서 내리려고 했으나, 문 앞에 머리가 희끗희끗한 아주머니 한 분이 버티고 서 있었다. 그는 아주머니를 향해 짜증과 역정이 뒤섞인 말을 내뱉으며 아주머니를 '확' 밀치고 버스에서 내렸고, 헐레벌떡 달려가 간신히 출근 카드를 찍을 수 있었다. 그 때, '대체 내가 무슨 짓을 한 거야?' 라는 자기모멸감이 양심을 찔렀다. 5분쯤 늦고 10분쯤 늦으면 어떻다고, 그게 뭐 그렇게 중요하다고, 내 어머니보다 연세가 많으신 그 분에게 그렇게 화를 내고 짜증을 냈단 말인가. 대체 내가 지금 무엇 때문에, 무슨 생각으로, 무슨 짓을 하며 살고 있는 건가.

기계 문명으로부터 버려진 구舊 46번 국도

양구 방향에서 내려오던 31번 국도는 46번 국도를 만났고, 물가에 접하는가 싶더니 사명산(1,198m) 아래를 관통하는 웅진 터널로 이어졌다. 그리고 웅진 터널을 지나자마자 곧바로 연결되는 수인 터널. 웅진 터널과 수인 터널 사이 500m 오른쪽으로 난 샛길에서 로드 페로몬이 '훅' 하고 끼쳤다. 나는 직감적으로 핸들을 꺾어버렸다. 그건 정말 순식간에 벌어진 일이었다.

네비게이션이 길을 벗어났다는 신호를 띄워 보냈다. 나는 커브를 죽 그으며 내려가다 되돌아나가는 길을 그냥 지나쳤다. 다시 네비게이션이 길을 찾기 시작했다. 이름도 떠오르지 않는 왕복 2차선 도로가 좌우로 펼쳐져 있었다. 오른쪽으로 핸들을 꺾었다. 이상야릇한 길이었다. 호수를 끼고 달리는 길은 아름답기 그지없는데 지나는 차량이 전혀 없는 것이다.

2006년 추곡~수인, 수인~웅진 간 터널이 공식적으로 개통되면서 신 46번 국도가 네비게이션에 등록되었고, 그로 인해 사람들이 GPS가 알려주는 대로 길을 오가는 사이 구 46번 국도는 존재하지만 존재하지 않는 길이 되었다. 게다가 구 46번 국도를 기억하고 있는 사람일지라도 터널 속으로 5km 남짓이면 통과할 수 있는 직선거리를 부러 S자 곡선을 그으며 에둘러 20km를 돌아갈 이유가 없었다. '보다 더 빨리' 출근하고, '보다 더 빨리' 일하고, '보다 더 빨리' 살아가야 하니까. Citius! Citius! Citius!

길이 잊히면서 그 길 위의 관광 안내소도 잊혀졌다. 양구군 관광 안내소 앞 넓디넓은 주차장은 텅 비어 있었다. 붉은 벽돌 외장의 건물은 대형 음식점까지 2층에 이고 번듯하게 서 있었지만, 인적 없는 건물의 3분의 1은 이미 담쟁이와 수풀로 뒤덮인 상태였다.

오가는 손님이 없으니 사고 팔 물건도 없고, 안내하고 안내 받을 사람도 없다. 콘크리트와 벽돌과 간판으로 이루어진 인공 구조물은 있는데 인류는 통째로 사라진 듯한 느낌이었다. 이건 마치 대니 보일의 『28일 후 28 Days Later』의 세계로 뚝 떨어진 기분이잖아? 여기 아무도 없어요? Hello, Is anybody there?

기계 문명으로부터 버려진 길은 굽이를 지날 때마다 낯선 풍경을 99첩 병풍마냥 펼쳐놓았다. 호수는 고요했고, 길가의 담쟁이들은 전봇대를 타고 올라가고, 철제 가로대는 이미 풀들로 뒤덮여 있었다. 왕복 2차선 도로만이 하얗게 배를 드러내고 누워 있을 뿐. 내버려두자 자연은 스스로 자연을 회복하고 있었다.

'자연을 파괴하는 것은 최악이고, 자연을 보호하는 것은 차선이며, 자연을 내버려두는 것이야말로 최선이다.' 누가 그런 말을 했던 것 같은데?

인간으로부터 잊힌 탓에 스스로 치유 기간을 갖고 있는 자연을 지나며 우리는 멈춰 서서 사진을 찍기도 했고, 길 한복판에 드러누워 해바라기를 하기도 했고, 책을 읽기도 했다. 차도 한가운데에 엎드려 『그리스인 조르바』를 읽는다는 건 정말 최상의 행복이었다.

두목, 돌과 비와 꽃이 하는 말을 들을 수 있으면 얼마나 좋겠어요. 부르고 있는지도, 우리를 부르고 있는지도 모르는데 우리가 듣지 못하는 것일 거예요. 두목, 언제나 우리 귀가 뚫릴까요! 언제면 우리가 팔을 벌리고 만물(돌, 비, 꽃, 그리고 사람들)을 안을 수 있을까요? 두목, 어떻게 생각해요? 당신이 읽은 책에는 뭐라고 쓰여 있습디까?

- 니코스 카잔차키스의 「그리스인 조르바」 중

ZORBA THE GREE

책장을 덮고 다시 차에 올라 화폭을 넘기며 길을 가노라니, 왼쪽으로 너른 마당이 있는 간이 휴게소가 나왔다. 간판은 돈가스용 포크와 나이프 그림이 음식점 로고인 양 박혀 있고, '추곡광'이란 글자 뒤에 이어져 오는 글씨는 지읒과 이응이 반만 보일 정도로 남아 있었다. '광'으로 시작되는 단어로 '광장' 말고는 '이렇다' 하게 떠올릴 단어가 없는 나로서는 지읒과 이응이 '장'에서 떨어져 나온 자음들이라고 대번에 알아볼 수 있었다. 추곡광장 휴게소.

휴게소 음식점 유리창에 지워지지 않은 글씨들을 살펴보니, 한때는 감자가루수제비, 제육볶음, 된장찌개, 심지어 양념 숯불구이까지 팔던 곳이었던 모양인데, 이제는 주인도 객도 없이 텅 비어 있었다.

L형과 나는 음식점으로 들어갔다. 싱크대 위엔 버려두고 간 식기와 주방 기구들이, 작은 방 한 칸에는 오래된 이불 하나가 펼쳐져 있었다. 2년도 채 지나지 않아 사람들은 이미 길도, 길 위의 휴게소도 깡그리 잊은 듯했다. 달팽이관처럼 생긴 철제 회전 계단을 밟고 건물 옥상으로 올라가자 터널에서 빠져나오는 신 46번 국도가 내려다보였다.

나는 느리게 가고 싶으면 느리게, 빨리 가고 싶으면 빠르게 마음이 시키는 대로 흘러가던 그 길 위에서 도시의 사람들을 떠올렸다. 정체된 88 올림픽대로, 강변북로, 내부순환로, 외곽순환도로……. 출근길에 이리 치이고 저리 밀리고, 앞차는 가지 않고 뒤차는 빵빵대는 길에서 매일 매일을 시달리는 사람들. '터널에서 터널로 오가는 삶'에서 빠져 나와 여기서 하루쯤 쉬어갈 수 있다면 얼마나 좋을까? 나는 그들을 이 한적한 길 위로 초대하고 싶었다.

99첩 소양강 진경산수화를 감상하는 동안 차 한 대 보지 못했다. 내리막이 시작되며 신 46번 국도와 만나는 출구 앞에 '추곡약수터' 이정표가 우두커니 서 있었다. 이것으로 엔딩인가.

그때, 차량 한 대가 좌회전을 하며 구 46번 국도로 들어서는 게 보였다. 도대체 이 시간에 우리 말고 또 누가?

한 대의 빈 택시였다. 운전기사는 차창 밖으로 날개처럼 팔꿈치를 내밀고 있었고, 느릿느릿 슬로 화면처럼 다가와 옆을 스쳐 지나갔다. 그는 택시 앞 유리창에 무언가를 붙여놓고 있었다. 하얀 바탕에 까맣게 쓰여 있는 두 글자. 그 단어를 읽고 나자 마치 누군가가 만든 단편영화 속으로 들어갔다 나온 것처럼 이상한 기분이 들었다. 까맣고 커다란 그 글씨는 마치 그 단편영화의 제목 같았다.

『휴 무』

요한복음 2장 16절과 적멸보궁

다성애자의 사랑법 5

ⓒ채성균

- 일단 배를 타고 청평사로 건너가. 그리고 막배가 나오는 시간이, 음…… 6시인가, 7시인가? 아무튼 배 시간을 확인한 뒤에 청평사 구경도 하고, 산책도 좀 하고, 청평사 아래 주점에서 술 한잔하며 시간을 보내다가 막배가 막 떠났을 즈음에 맞춰 선착장에 내려오는 거야. 타이밍을 잘 맞춰야 돼. 아슬아슬하고 자연스럽게! 그러고 나면 아마 발을 동동 구르고 난리가 날 거야. 그런다 한들 어쩔 수 있겠어? 막배는 이미 떠났는데, 하하하-. 그러고 나면 이제…….

춘천 청평사란 사찰 이름을 처음 들은 것은 대학 신입생 때였다. 기숙사 침대 모서리에 둘러앉아 연애 코치를 자처하고 나선 4학년 선배의 '굿바이, 동정童貞!' 풀 스토리를 각자 뒤통수에 열심히 받아 적고 있었다. '청평사'에서 동그라미 땡, '아슬아슬하고 자연스럽게'에서 밑줄 쫙! 그리고 선배가 졸업하기까지 선배의 풀 스토리는 본방, 재방, 삼방까지 이어졌고, 그러다 보니 우리들의 뒤통수를 들여다보면 동그라미 땡, 밑줄이 쫙 그어져 있을 것만 같은 그런 느낌이었다.

그러나 우리들이 차례차례 군 입대하기까지도 청평사에서 '굿바이, 동정!' 리메이크 판을 찍었다는 소식은 누구의 입에서도 터져 나오지 않았다. 아마도 이론과 실천 사이에는 많은 차이가 있다는 게 성공 스토리 부재의 원인일 것이다. 게다가 한 친구가 소개팅으로 몇 번 만나게 된 여자를 상대로 촬영에 들어가긴 했다는데, 청평사 배 떨어지는 코스가 그 선배만의 노하우도 아니었던 모양이었다. 수도권에선 이미 알려질 대로 알려져서 조선시대 물레방앗간과 거의 격을 같이할 정도로.

- Y! 이 정도 수준밖에 안 되는 줄 몰랐어. 너 여기서 외박하려는 수작이잖아? 그만 일어나!

청평사 회전문에 얽힌 이야기

구 46번 국도에서 빠져나온 지 10분, 사거리 신호등 앞에서 정차를 했다. 청평사 이정표가 허공에 달랑달랑 떠 있었다. 빗방울이 보닛 위로 후드득 떨어졌다. 이런 날씨라면 데이트 코스로 이름난 청평사도 한적하겠구나.

- L형, 청평사 가봤어요?
- 글쎄, 대학 시절에 가본 것 같기도 하고 아닌 것 같기도 하고…….
- 그럼 한 번 가보죠?

좌회전을 알리는 초록빛 화살표에 불이 들어왔다. 문득 『생활의 발견』이란 영화에서 경수와 선배가 청평사 회전문에 대해 나누던 대화가 떠올랐다.

- 그럼 뭐 하러 올라가?
- 그냥 뭐, 배 타는 거지 뭐. 저기 회전문이 왜 회전문이냐면, 너 중국 당 태종 알지? 당 태종한테 평양공주라는 딸이 있었거든. 근데 한 총각이 그 평양공주를 너무 사모해서 상사병에 걸린 거야. 근데 왕이 기분이 나쁘니까 죽여버렸어. 근데 저기, 뭐… 죽은 후에 그 총각

이 뱀으로 환생을 했는데, 뱀으로 환생한 후에 저, 그… 공주의 몸을 칭칭 감아버린 거야. 그니까 공주가 답답하지, 힘들고. 그래서 한 도사가 내려와서 조선의 청평사로 한번 가보라고 그런 거야. 청평사로 갔는데 저… 청평사 앞에서 공주가 이런 거지. '제가 밥을 얻어올 테니까 잠시만 기다려주세요' 그랬어. 그러고 들어가더니만 아무리 기다려도 안 나오는 거야. 그래서 이 뱀이 안 되겠다 싶어서 들어가는데 갑자기 천둥이 치면서, 소나기가 내리면서, 막 이래서 너무 무서워서 도망을 갔거든. 근데 이제, 이 도망을 갈 때 돌아갔던 그런 문이 회전문이래.

- 흐흐, 흥.

『생활의 발견』에서 경수는 별스러운 청평사 회전문 전설에 코웃음을 치지만, 그때는 '발견'하지 못했지, 청평사 회전문 전설이 자신의 '생활'에서 재현될 줄은!

청평사 아래 주차장에 차를 세우고 길을 나서려니 비가 더 굵어졌다. 회전문을 보려면 이렇게 비에 옷이 젖어야 하는 걸까? 우산도 없이 여자 집 앞에서 기다리던 『생활의 발견』 속 경수가 떠올랐다.

트렁크 안에 들어 있던 비상용 우산을 L형에게 건네고 우의雨衣를 꺼내 입었다. 보길도를 나와 지금은 한국의 섬과 섬을 여행 중인 J형이 서울에 들러 건네고 갔다는 메이드 인 시장통, 개구리 무늬, 습기 배출 0퍼센트의 우의가 이렇게 요긴하게 쓰일 줄이야! 비가 굵어지면 앞 단추를 잠그고, 땀이 차면 앞 단추를 풀며 청평사 가는 오솔길에 들어섰다. 오봉산 가슴팍을 타고 내려온 계곡 물이 철철 흘러내렸다.

평양공주와 상사뱀. 이야기보다 시각적이고 입체적인 조각품이 더 큰 감흥을 주기 때문인지, 관광객들이 '왔다 갔다' 라는 징표로 삼을 표식을 만들어줄 요량인지, 평양공주가 뱀에게 말을 건네는 조각이 덩그러니 세워져 있다. 관광지에서 그곳의 인물이나 전설과 관련된 조각 작품이 세워져 있는 것을 점점 더 자주 보게 되는데, 눈으로 직접 보여주지 않으면 상상을 할 수 없을 정도로 우리의 상상력이 낮은 탓일까, 아니면 눈으로 직접 보여주기 때문에 점점 우리의 상상력이 줄어드는 것일까?

일주문을 대신하는 잣나무 두 그루가 '수능기원 기도 법회' 플래카드를 팽팽하게 당기고 있는 너른 마당을 지나 계단을 올라갔다. 회전문.

― 천년고찰 청평사는 조선 명종 때 보우에 의해 중건되었으며 경내에는 회전문 이외에도 국보로 지정되었던 극락전이 있었으나 6·25 전쟁 중에 소실되었어요. 회전문은 보시다시피 정면 3칸, 측면 1칸. 단층의 맞배지붕으로 현재 보물 164호로 지정되어 있습니다. 사람

들은 회전문이라 하니 보통 뱅뱅 도는 회전문으로 아시는데, 청평사 회전문의 '회'는 '돌다 회回'가 아니라 '윤회할 회廻'랍니다. 회전문은 중앙 한 칸을 넓게 잡아 통로로 하고, 좌우 협간에는 사천왕상을 안치할 수 있도록 했는데, 보시다시피 사천왕상이 안치되어 있지는 않아요.

잠시 쉴 겸 회전문 협간을 의자 삼아 앉은 채 문화재 안내원의 설명을 듣고 있는데, 스님 한 분이 지나가며 순례자들과 안내원에게 한 소리 하신다.

– 얼른 일어나세요, 어 사람들이! 보물 위에 함부로 앉으면 안 되지! 저 좀 사람들 좀 못 앉게 해요!

안내원은 "네" 하고 고개를 숙이고, 옆에 노부부는 무거운 허리를 펴며 구시렁거린다. "사람들 좀 앉는다 해서 얼마나 닳는다고" 그러니, 안내원 왈.

– 죄송해요, 저 때문에 잔소리를 들으셨네요. 원래 못 앉게 하시는데 관람객들이 잠깐 잠깐 앉으시는 건 제가 그냥 뒤요. 여기까지 올라오시느라 다리도 아프셨을 테고, 그리고 '보물에 한 번 앉았다' 하며 즐거운 기억을 안고 돌아가시는

것도 좋을 것 같아서……. 그치만 스님은 스님 나름대로 깊은 생각이 있으시겠지요.

왠지 스님의 뜻 모를 생각보다 안내원의 따뜻한 생각이 더 깊어 보였다. 그건 단지 두 다리 쉴 공간이 갑자기 사라졌기 때문만은 아니었고 나중에 확신을 하게 됐는데, 회전문에서 경운루, 나한전, 관음전을 지나 새로 지은 대웅전 안을 들여다보니, 보살 한 분이 대웅전 안에 책상을 놓고 앉아 있었다. 책상 위에는 봉투와 제단에 올리는 초와 향

과 쌀이 놓여 있었다. 기도를 올리고 절을 하는 참배객들에게 돈을 받고 파는 것이리라.

뭇 사찰에서 부처님께 올릴 초와 향과 쌀을 파는 모습은 익히 보았지만, 이렇게 보살이 대웅전 안에 죽치고 앉아 물건 팔며 참배객들을 빤히 지켜보는 것은 정도가 지나치다. 이건 마치 옷 구경하러 갔더니 점원이 계속 따라다니며 옷 사라고 눈치 주는 것과 뭐가 다르단 말인가.

> 법당 한편에는 순례자들에게 잔돈을 바꿔주는 라마승의 손놀림이 바쁘다. 순례자들이 법당을 돌며 복을 비는 동안, 라마승들은 2층 방에 앉아 뒤섞인 지폐들을 분류한다. 돈다발을 묶느라 경황이 없는 라마승들은 통통하게 살이 올라 기름지다. 깡마르고 거친 얼굴의 순례자들은 기도에 심취해 있다. 지금 저 많은 돈들은 다 어디로 흘러 들어가는 것일까? (p. 89)
> 죽음을 담보로 한 사업은 밑지거나 망하는 법이 없다. 죽음을 담보로 한 최고의 사업은 종교다. 사후 세계의 땅 한 평은 아무리 비싸도 팔리지 않는 경우란 없다. 전 재산을 주고라도 사게 마련이다. 티베트는 마치 죽음의 도매 시장과 같다. 티베트뿐이겠는가.
> 종교란 어디서나 죽음의 도매상인인 동시에 구원을 파는 쇼핑몰이다. (p. 255)
>
> – 강제윤의 『부처가 있어도 부처가 오지 않는 나라』 중

보길도에서 뭍으로 나온 시인 J형은 티베트를 여행하고 돌아와 '종교 창시자들의 뜻과는 다른 종교들이 되어버린' 세상을 향해 한 권의 책을 내놓았다. 『부처가 있어도 부처가 오지 않는 나라』. 그것은 지금껏 내가 보아온 어떤 티베트 여행기와도 다른, 참으로 낯설고도 낯선 티베트 여행기였다.

그동안 수많은 여행자들은 티베트에서 망원렌즈로 먼 풍경과 신비를 보고 돌아왔었다. 그러나 혁명가이기 전에 시인이었던, 시인이기 전에 철학도였던 J형은 티베트에서 그곳의 신과 죽음과 종교에 현미경을 들이댔고, 나아가 전(全) 종교적인 현실과 실재를 직시했다. 책 제목은 『부처가 있어도 부처가 오지 않는 나라』지만, 그는 다시 돌아올 수 없는 부처님을 슬퍼하며 '부처는 없다', 아니 '신은 없다'고 말하고 있었다.

짜라투스트라가 은둔하던 산에서 내려와 내뱉었던 말이 '신은 죽었다'였던가. 은둔하던 섬에서 나와 세상을 떠돌던 J형은 히말라야에서 내려와 내세에는 전능하지만 현세에는 무능하여, '신은 없다'라고 설파하고 있었다. 그리고 독한 잠언 같은 문장으로 세상 아래의 성전들을 뒤엎었다.

나는 예수가 성전에서 돈 바꿔주는 사람들, 비둘기 파는 사람들의 책상과 자리를 뒤엎고 돈을 흩트리며 했던 말을 떠올렸다.

이것들을 여기서 치워라! 내 아버지의 집을
시장터로 만들지 마라!

- 요한복음 2장 16절

청평사 회전문 전설이 경수의 생활에서 반복되듯이 2,000년 전 성전을 뒤덮던 모습이 반복되고 있었다. 마태, 마가, 누가, 요한복음 곳곳엔 바리새인과 율법학자에 대한 예수의 꾸짖음이 펼쳐져 있다. 기독교와 불교가 아니더라도 지금 이 행성의 어떤 종교가, 어떤 성전이 그 꾸짖음에서 자유로울 수 있는가? 진리가 너희를 자유케 하리라.

적멸보궁에서 한껏 웃다

J형의 표현을 빌리자면, 나는 '세속의 이익을 지켜주고 더 좋은 내세로 가는 티켓을 끊어주는 매표원' 이 티켓을 사라고 눈치를 주는 대웅전 안으로 발을 들여놓지 않은 채, 계단을 내려왔다. 잣나무가 있던 마당으로 다시 내려와 청평사 지도를 들여다보니, 어? 청평사에도 적멸보궁이 있네! 대한민국 5대 적멸보궁(양산 통도사, 오대산 상원사, 설악산 봉정암, 태백산 정암사, 사자산 법흥사) 말고 청평사에도 적멸보궁이?

추적추적 내리던 비가 잠시 그쳤는가 싶더니 다시 내리기 시작했다. 절터를 빠져나와 산중에 있다는 적멸보궁으로 가는 순례객은 아무도 없었다. 기껏 여기까지 왔는데 뭔가 미진했던 나는 한번 가보기나 해보자며 L형과 빗길을 나섰다.

산길은 흠뻑 젖어 넘치고 바위는 미끄덩미끄덩, 발아래를 조심조심 산을 올랐다. 대체 얼마나 더 가야 불상 대신 석가모니불의 진신 사리를 봉안해두는 적멸보궁이 나오려나? 분명 청평사 관광지도엔 '적멸보궁'이 그려져 있었는데, 길 위에는 이정표 하나 제대로 마련되어 있지 않고 길조차도 반듯하게 나 있지 않았다.

이 길인가, 저 길인가? 그렇게 헤매며 인적 없는 산길을 1시간 너머 올랐을 때, 저 곳이로구나! 비탈진 산길, 오른편으로 불쑥 튀어나온 바위 절벽 위에 전각 하나가 세워져 있었다.

흐음, 저곳으로 가려면 여기서 또 어디로 올라서 돌아 내려가야 하나? 빗물에 젖어 미끄러운 바위와 가시처럼 콕콕 찔러대는 나뭇가지들을 제치며 낭떠러지 끝자락에 자리 잡은 전각, 좁은 마당에 간신히 내려섰다.

적멸보궁寂滅寶宮.

- R! 이거 문이 잠겨 있잖아!

적멸보궁 寂滅寶宮

L형이 기껏 왔는데 어떻게 하냐는 듯 헛웃음을 지으며 말했다. 절 집에서 꽤 오랜 날들을 지내본 나는 단숨에 문고리에 채워져 있는 자물쇠가 단지 자물쇠를 매달아둔 것에 불과한 눈속임이라는 것을 알아보았다.

― 아뇨, 열려 있어요.

불법의, 도의, 진리의 문은 언제나 열려 있다. 문 앞에 달려 있는 자물쇠란 '아상我相'이나 '교리敎理' 같은 것. 자물쇠에 매달리지 말고 그냥 열어젖혀라!
문을 벌컥 열어젖혔다. 그런데 청평사 적멸보궁 안은 텅 비어 있었다. 진신 사리는 커녕 불상도 아무것도 없었다. 그저 불단 위의 텅 빈 벽⋯⋯.
나는 한껏 웃음을 터트렸다. 그러자 L형이 의아한 듯 물었다.

― 왜 그래?
― 이곳이야말로 진정한 적멸보궁이로군요!

ⓒ 노동효

2장
북쪽으로 튀어!

해운대에서 길을 떠나다

장기반도를 에둘러 세상의 끝으로

천 년의 밤을 보냈던 청송으로 가는 길

죽어도 여한이 없을 길들의 풍경

내 젖은 팬티 벗어 해에게 보여줄 때

해운대에서 길을 떠나다

　　홈쇼핑 란제리 광고에서나 등장하던 반라의 여자들이 행복한 비명을 질러대고 있는 해운대 해수욕장에서였다. 바다를 보고 하는 소린지, 해변을 오가는 비키니의 여자들을 보고 하는 소린지, 아니면 해수욕장에 가득한 100만 인파를 보고 하는 소린지 알 수 없는 감탄사가 K의 입에서 연신 터져 나왔다. 그래, K는 서울 토박이니까 K가 감탄을 터뜨리는 이유는 바다, 비키니, 인파를 모두 합친 해운대 해수욕장의 '풍경' 때문이겠지.

　　그러나 녀석의 선글라스 너머에서 들려오는 눈알 굴리는 소리로 짐작해볼 때 녀석의 눈동자가 어디 위를 굴러다니고 있을지는 빤한 노릇이었다. 선글라스가 없는 L형과 나는 그저 비좁은 해변에 앉아 바다를 쳐다보는 척 했다. '척' 했다고 하는 것은 사실 밀려, 밀려오는 파도가 아니라 인파 때문에 바다가 제대로 보이지도 않았기 때문이다.

내 바로 앞에 서 있는 비키니 입은 여자애들의 엉덩이 아래로 물방울이 똑똑 떨어졌다. 이럴 줄 알았으면 선글라스를 챙겨올 걸 그랬어!

같이 여행을 할 때 최상의 멤버는 홀수가 좋다. 뜻 맞는 두 사람도 나쁘진 않지만 단 둘이라도 갈림길이 생기면 조금 난감해진다. "이제 그만 다른 데로 가보자"와 "난 좀 더 있고 싶어"가 대립하면 누군가가 양보를 해야 하는 것이다.

셋은 정말 간단하다. 가장 민주주의적인 원칙으로 알려져 있는 다수결이 있으니까. 그러나 넷부터는 다시 조금 힘들어진다. 다섯이 되면 그나마 참을 만하다. 여섯이 되면 1대 5라든가 2대 4가 나온다면야 별 문제가 없겠지만 3대 3이 되면 정말 힘들다, 힘들어. 말들이 너무 많은 것이다. 그래서 여섯을 넘어서기 시작하면 말 많은 대중들의 의견을 모아 하나로 집약시킬 수 있는 리더가 필요하다. "자, 전체적인 의견을 모아 아침 10시에 숙소를 출발해서 해운대에서 해수욕을 하고, 12시엔 달맞이 언덕을 지나 송정으로 가겠습니다" 같이 말이다.

나는 개인적으로 환상의 트라이앵글, 세 사람이 하는 여행을 가장 좋아하고, 여행이 즐거워지기 위해서는 구성원이 가장 중요하다고 생각한다. 말하자면 멤버십!

- 이제 그만 일어나자!

- 그래, 그만 가자구!

- …….

주차해놓은 차에 올라타기 전 엉덩이에 달라붙어 있던 모래알을 툭툭 털었다. 파도와 바람이 아니라 인간의 엉덩이 때문에라도 해변의 모래는 매년 사라진다.

어린 시절, 해운대 백사장에 발을 내려놓고 바다까지 가려면 한참을 걸어가야 했다. 무려 70m나! 근데 언제부터인가. 뭐, 이유야 많겠지만 이것도 다른 자연환경 파괴의 원인과 별반 다르지 않는 난개발 때문이다. 1963년 춘천春川 복개 및 해운대 해수욕장 호안도로와 화단 등 시설물 축조, 1967년 수영강 상류 회동수원지 댐 건설, 1972년 해운대 해수욕장 직립호안 공사, 1984년 수영만 매립과 낙동강 하구 둑 건설 등으로 해운대 모래 공급원이 완전히 차단되어, 지금은 엎어지면 코 닿는 곳이 바다가 되었다. 그 무렵 해운대 백사장은 밀가루마냥 보드라웠다. 그래서 여름뿐만 아니라 가을이나 겨울이라 할지라도 모래사장을 쓰다듬을 때의 '손맛' 때문에 해운대를 찾곤 했다.

그러나 지금은 서해안에서 인위적으로 퍼온 모래로 유실된 백사장을 채우다 보니 보드라운 그 '손맛'도 사라진 지 오래다. 대신 호텔, 콘도, 나이트클럽 등 최신식 숙박업소와 행락 시설이 해운대의 명성을 유지시켜주는 최후의 방파제가 되었다.

타성을 깨는 시간

달맞이 언덕 아래 미포 오거리에서 신호를 받고 멈춰 섰다. 카스테레오에선 비틀즈의 「Ob-ra-di Ob-ra-da」가 흘러나왔다. 왼쪽으로 고개를 돌리자 초고층 아파트 단지들로 이루어진 해운대 신시가지가 펼쳐져 있었다. 정말 대단하군, 대단해!

초록불이 켜지고 곧 청사포淸沙浦 이정표가 나온다. 이름 참 좋다, 청사포(맑은 모래가 있는 포구). 청사포는 부산 시내에 있는 어촌 마을인데, 해운대에서 10분도 채 안 걸리는 거리에 있지만 이곳이 아직도 어촌 분위기를 그대로 간직하고 있는 이유는 개발 금지 구역이기 때문이다. 여기엔 5층 이상 건물은 못 짓는다.

청사포를 지나 동해남부선 기차가 지나간다. 해안을 끼고 도는 기차는 송정역에 도착할 것이다.

송정에 오면 언제나 전인권의 「돌고 돌고 돌고」가 떠오른다. 고교 시절의 첫 여름, 송정 해수욕장에선 전인권의 「돌고 돌고 돌고」가 들어 있는 최신가요 테이프를 정말 돌리고 돌리고 또 돌리며 하루 종일 틀어줬었다. 분명 다른 노래도 틀어줬을 텐데 이상하게 기억이 나지 않는다.

새벽까지 친구들과 술을 마시다 내가 오줌을 마시고 돈을 태운 장소도 송정 백사장이었다. 그때 우리들은 타성에 대해서 이야기하고 있었다.

> 벼룩을 유리컵 속에 넣어두면 벼룩은 매번 튀어 나온다.
> 유리판으로 유리컵 입구를 막으면 벼룩은 계속 그만큼만 뛰며 머리를 부딪친다.
> 나중엔 유리판을 치워도 벼룩은 컵 바깥으로 튀어나가지 않는다.
> 그게 타성^{惰性}이다.

오줌을 들이키고 돈을 태운 내 행동의 이면에는 세상의 고정관념에 물들거나 타성에 젖지 않으리라는 거창한 이유가 있었지만, 지금에 와서 보면 열여섯 살의 객기였다고밖엔 말하지 못하겠다. 퍽이나 순수했던 시절이다.

나도 변했지만 송정도 참 많이 변했다. 민박집밖에 없던 곳에 이제 모텔도 많이 들어섰고, 노래방도 많이 생겼다. 여자 친구랑 헤어질 지경이 되면 비 오는 날, 송정 해수욕장의 노래방을 가라는 얘기를 들은 적이 있다. 노래방의 한쪽 벽은 꽉 막힌 벽이나 복도가 아니라 뻥 뚫린 유리다. 바다를 향한 창으로 빗방울이 후드득 떨어지고, 사내는 영화 『라 밤바 La Bamba』에서의 히트곡 「Donna」를 부른다. 오, 다나, 오, 다나, 오, 다나, 오, 다나~

이럴 줄 알았으면
수영복을 챙겨올 걸
그랬어!

나는 반바지를 걷어 올려 허벅지까지만 살짝 바다에 담그고 돌아섰다. 선글라스를 챙겨온 K도 수영복은 준비하지 않았다. 그저 동해를 따라 강릉까지 올라간다는 계획뿐, 딱히 수영을 하겠다는 계획은 셋 다 없었기 때문이다.

팬티가 젖을까 조심하던 세 사람이 반바지 차림으로 바다에 풍덩 빠진 것은 일광, 임랑을 지나 진하 해수욕장에서였다. 비키니가 줄어들자 피서객도, 파라솔도, 바나나 보트도, 수영복을 입은 사람도 줄어 있었다. 애들이나 수영복을 입고 있을까, 반바지에 티셔츠 차림의 아저씨, 아주머니들이 대거 반투명의 살색을 드러내며 깔깔거리고 있었다.

까짓 거, 이런 곳에서라면 반바지면 뭐 어때? 비싼 기름 아끼느라 에어컨도 끈 채 31번 국도를 따라가며 뜨겁고 습한 바람을 실컷 맞은 우리는 앞뒤 가릴 것 없이 바다로 뛰어들었다. 첨벙 첨벙. 부산을 벗어나자 본격적인 바다가 출렁이며 내 안으로 들어왔다.

자유형을 하다가 지치면 배영을 하고, 배영을 하다가 심심하면 다시 자유형을 했다. 수영장이나 개천에서 수영을 하던 사람이 처음 바다에서 수영을 하는 것은 쉽지 않다. 수평선이 튕겨주는 파도에 몸을 실을 줄도 알아야 하고, 숨을 들이킬 때는 파도의 반대편, 그러니까 해안 쪽으로 고개를 돌리며 숨을 들이키는 법도 알아야 한다.

콜록 콜록. K가 멈춰 서서 짠물을 뱉어냈다. L형은 그저 엉거주춤 바다에 몸만 담근 채 서 있었다.

- 바다에서 배영은 누구나 할 수 있어요. 염분 때문에 그냥 누워만 있어도 둥둥 뜨죠. 가라앉는 걸 염려해서 발을 자꾸 아래로 내리려고 하니 오히려 가라앉는 겁니다. 머리를 젖히고 몸을 활처럼 휘어서 누워요. 자, 내가 허리를 받치고 있을 테니 안심하고……

내가 허리를 받치자 L형은 안심하고 수면 위에 누웠다. L형의 몸이 둥둥 떴다. 나는 손을 슬며시 뺐다. 잠시 후 허리를 받치고 있는 양 시늉만 하고 있던 두 손을 번쩍 들었다.

- 거봐요, 떠오르잖아요!

그러나 그 순간 '꼬르륵' 소리와 함께 L형은 가라앉고 말았다.

- 가라앉는 걸 두려워하면 절대 수영을 배울 수 없어요. 자전거가 넘어질까 페달은 밟지 않고 발을 땅에 내려놓을 생각만 하면 자전거를 탈 수 없는 것과 똑같아요.

몇 번 허리를 받쳐주고 손을 빼는 것을 반복하고 나자 L형은 조금씩 바다 위에 둥실 둥실 떠 있는 법을 터득하기 시작했다. 가끔은 높은 파도에 물을 먹고 콜록거리긴 했지만 말이다.

한 시간가량 수영을 하고 나자 허기도 지고 체력도 떨어졌다. 다시 차에 올랐다. 바다에서 수영을 즐길 수 있는 시간은 대략 한두 시간이다. 한두 시간이면 적당히 지치고 파라솔 아래 앉아 쉬어야 한다. 그러다 슬슬 다시 더워지기 시작하면 다시 물속으로 첨벙!

우리는 파라솔에 앉아 쉴 시간에 길을 떠나기로 했다. 젖은 몸을 대충 닦은 뒤 수건을 깔고 운전석에 앉았다. 셋 다 반바지도 벗어 던진 팬티 바람에 웃통까지 벗어젖힌 반 누드 상태니, 맞은편에서 오는 차가 우리 쪽을 쳐다봤다면 참 가관이었을 것이다.

'저 자식들 발가벗고 운전을 하고 그래?' 하지만 시내도 아니고 해안도로인데 뭐 어때?

진하 해수욕장을 지나고 나자 남한 최대의 중공업 도시 울산이었다. 퇴근길이 가까워오자 도로가 점점 정체되었다. 신호등 앞에서 건널목을 지나가던 사람들이 어리둥절한 표정으로 우리들의 벌거벗은 몰골을 쳐다보았다. 시내버스에 올라탄 승객들은 흠칫 놀라며 세 사람이 나란히 차 안에서 팬티 바람으로 앉아 있는 모습을 내려다보았다. 낯부끄러워진 K가 말을 꺼냈다.

- 이제 그만 옷 입을까?
- 곧 해가 질 텐데 입긴 뭘 입어.
- 그럼 마트 가서 수영복이나 하나씩 사자!

K는 사각 트렁크 수영복을, L형과 나는 사각 쫄 수영복을 샀다.

- K, 넌 왜 트렁크를 샀어?
- 야, 쫄 수영복은 좀 그렇잖아!
- 뭐, 어때?

우리는 화장실에서 당장 젖은 팬티를 벗고 수영복으로 갈아입었다. 찰싹. 매끈하고 바싹 마른 느낌이 좋았다. 나는 헐렁한 면 티에 수영복 바지 차림으로 화장실에서 걸어 나왔다. L형과 K는 수영복 위에 젖은 면바지를 대충 걸치고 있었다.

- 야, R! 너 뭐야? 여긴 해수욕장이 아니잖아?
- 뭐, 어때?

수영복으로 갈아입은 우리는 정자 해수욕장에 도착해 그날의 마지막 해수욕을 했다. 과연 수영복을 입고 나니 원초적 본능까지 새록새록 떠오르는 듯한 느낌이었다. 말하자면 수억 마리 정자들 중에서 가장 팔팔한 정자라도 된 듯한 기분이었던 것이다.

반바지를 입고 있을 때는 물속에서 펄렁펄렁 벌어지는 바지통 때문에 당최 속도를 낼 수가 없었는데 말이야, 쫄쫄이 수영복을 입자 마치 슈퍼맨이 된 것처럼 날아다닐 수 있을 것만 같았다. 그리고 수영복으로 갈아입자 여러모로 바다에 대한 예의도 달라졌다.

- 반바지에 티셔츠 입고 바다에 들어가는 건 정말 바다에 대한 최소한의 예의도 없는 사람들이 하는 짓이야! 다른 사람들은 비키니나 수영복 팬티 바람으로 수영을 하는데, 자기는 볼 것 다 보면서 가릴 것 다 가리고 물속에 들어오는 건 정말 몰염치지!
- 맞아, 풀장처럼 해수욕장도 복장 단속을 해야 돼!

우리는 각자 낮에 본 해운대의 대단한 풍경을 떠올리고 있었다.

ⓒ 김태형

그날, 불국사에선 무슨 일이 있었나

해가 지고 나자 내륙으로 들어가기로 했다. 감포까지 가는 31번 국도가 있었지만 해안도로를 달린다고 한들 바다도 보지 못할 테니 차라리 불국사 근처에서 하룻밤을 보내고 다음 날 아침 일찍 감포로 향하는 게 나을 듯했다. 우리는 어둠이 잔뜩 내려앉은 울산-경주 간 국도를 달려 천년 고도 경주에 입성했다.

불국사 앞 텅텅 빈 주차장에 차를 세웠다. 반바지 차림의 K가 술과 안주를 사 들고 왔다. 우리는 가로등에서 벗어나 수영복인지, 반바지인지 구분하기도 쉽지 않은 어두운 잔디밭으로 들어가 저녁 식사 대신 저녁 술을 마셨다.

- 근데 배는 채웠고, 이제 잠은 어디서 잔담?
- 밖에서 자면 되지!
- 안 돼! 온몸이 소금기인데 방을 잡아야 씻지!
- 요즘 기름 값이 얼만 줄 알아? 얼어 죽을 한겨울도 아닌데 숙박비로 쓸 돈 있으면 기름을 더 넣겠다.
- 야, 그래도 씻긴 씻어야 할 거 아냐?

불국사 주차장의 화장실은 그날 밤 11시, 목욕탕으로 '트랜스포머' 했다. 안에서 문을 잠그자, 지금껏 잠들어 있었던 목욕탕 기능이 작동했다. 쏴-. 세면대에 물을 받는 순간 전국에서 가장 멋진 대중목욕탕으로 돌변한 듯한 느낌이었다. 그러나 세면대는 두 개. K와 L형이 한쪽에서 소변을 보고 있던 나보다 먼저 아랫도리를 까버리자 씻을 자리가 부족했다. 그러고 보니 남녀 화장실 사이에 장애인용 화장실이 따로 있었던 게 생각이 났다.

 - 어이, 나는 옆 탕으로 건너갈게!

나는 수건과 세면 가방을 들고 나와 옆 탕의 OPEN 버튼을 눌렀다. 슬라이딩 도어가 스르르 자동으로 열렸다.
'호오! 역시 불국사 화장실은 뭐가 달라도 달라!' 감탄을 하며 CLOSE 버튼을 누르자 화장실은 초현대식 개인 목욕탕으로 변신했다. 나 역시 세면대에 물을 받아 세수를 하고, 머리를 감고, 거울을 쳐다보며 알몸에 비누칠을 하는데 K가 문을 두드렸다.

 - R, 치약 좀 줘.
 - 잠깐만.

나는 비누칠을 마저 하고 발가벗은 채 문을 열었다. 녀석은 샤워를 다 끝내고 마른 새 티셔츠에 마른 바지로 갈아입은 말끔한 차림으로 서 있었다. 아니, 근데 이 시간에? 녀석의 등 뒤로 한 쌍의 남녀가 화장실 쪽으로 걸어오는 게 보였다. 고작 20m도 안 되는 거리였다.

- 자, 받아. 사람 온다, 빨리 문 닫아!

CLOSE. 그러나 토종 트랜스포머였던 탓이었을까? 갑자기 화장실이 목욕탕으로 변하지 않았다. 발가벗고 있는 판에 두 남녀가 바로 앞까지 다가왔는데 무슨 오류인지 아무리 버튼을 눌러도 문이 닫히지 않는 것이었다. 이런 기가 막힐 트랜스포머가 있나! 아, 울고 싶은 불국사의 밤이여!

- 야야, K!!!! 가지 말고 문 앞에 서서 나 좀 가려줘!

향불에 밤은 깊어 이 밤도 깊어

청춘에 옛 서름도 한은 깊은데

지나간 그 슬픔을 누가 아느냐

바람에 목탁 소리 염불 소리냐

아 눈물 젖은 불국사의 밤이여

— 현인의 「불국사의 밤」 중

장기반도를 에둘러 세상의 끝으로

북쪽으로 튀어! 2

ⓒ김영준

불국사, 아니 불국사 앞 주차장에서 잠을 깼다. 과연 명승 및 사적 제1호로 지정된 사찰에서 노는 새답게 주차장 앞에서 지저귀는 새소리도 남달랐다.

간밤에 토종 트랜스포머의 오작동으로 인한 불미스런 사건이 꿈결까지 따라오는 바람에 잠을 설치긴 했지만, 국보 제20호(다보탑)에서 국보 제27호(금동아미타여래좌상)까지 보유한 사찰 새 3년이면 염불을 읊게 되는 것인지, 새벽 예불처럼 평화로운 새소리를 듣고 있노라니 간밤의 정신적 피로도 한꺼번에 씻겨 나가는 듯했다. 물론 간밤의 정신적 피로는 자초한 바가 컸지만, 사실 인류가 겪는 대부분의 정신적 피로는 거의 다 '자초自招' 한 것들이 아니던가? 그러게 누가 에덴의 사과를 먹으래?

– 이야, 환상적인 길인데!

불국사에서 4번 국도로 접어들어 추령 터널을 막 지나가던 참이었다. 경주에 이런 계곡이 있었나 싶을 정도로 수분을 흠뻑 머금은 초록빛 숲이 좌우로 펼쳐져 있는 길은 싱그럽기 그지없었다. 몇 년 전에 보았던 엔진오일 CF가 새삼 떠오르는 그런 길이었다. 운전면허를 딴 여자 친구를 위해 연수를 자청하는 남자 친구. 해 뜰 무렵 새벽 강가를 달리는 장면이 오버랩되고 이병헌의 저음이 흐른다.

'그녀가 운전면허를 따는 날 가르쳐주고 싶은 것이 있다. 새벽 강가를 달리는 기분 그리고……'

– 어이, K! 넌 운전면허 딸 생각 없어? 나도 좀 편하게 구경 좀 하자!

K나 L형이나 운전면허가 없는 탓에 함께 길을 떠나면 줄곧 내가 운전을 해야 했다. 시속 80km로 달리고 싶으면 달리고, 시속 20km로 달리고 싶으면 달릴 수 있는 그런 한적한 길들이었지만, 커브길에서는 아무래도 시야를 좌우가 아니라 앞으로 좁혀서 운전을 할 수밖에 없다. 앞뒤로 앉은 L형과 K의 입에서는 "환상적이군", "정말 멋지군", "CF가 따로 없어" 등 내 염장을 질러대는 말들이 연신 오간다.

운전자가 마냥 아쉬운 길이 이런 길이다. 아름답긴 한데 커브가 많아서 그저 구경할 수만은 없는 길 말이다.

감포 해수욕장은 아직 이른 시간이라서 물도 차갑고 인적도 뜸했다. 목욕탕 물 온도를 파악하듯 종아리만 살짝 담가보니 아니나 다를까, 차갑다! 흔히 감포 해수욕장이라 불리지만 정확한 지명은 오류 해수욕장이다. 간밤의 토종 트랜스포머의 CLOSE 버튼 '오류'로 발생한 불미스런 사건이 다시 떠올랐다. 왠지 기분이 안 좋았다.

- 바닷물이 데워지려면 좀 더 있어야겠어. 다음 해수욕장으로 가자!

바다 위에서 읽는 책

31번 국도를 따라 양포항, 영암, 하정, 병포에 이르자 포항으로 향하는 31번 국도는 내륙으로 뻗었고, 925번 지방도로가 동쪽으로 뻗어 있었다. 여기서부터 한반도의 꼬리를 따라가는 길이다.

계룡산 국립공원만한 면적에 해발 231m의 금오산이 최고지(最高地)인 장기반도는 가는 길도 심심하고, 높낮이도 심심하고, 풍경도 심심하다. 그러나 그 심심함이 워낙 깊어 기분이 조금은 야릇해지는 느낌이다. 길 위의 어떤 아낙이 바퀴 달린 커다란 짐을 끌고 가다가 『바그

다드 카페 Bagdad Cafe, Out of Rosenheim」에 나오는 「Calling You」를 부르고 있어도 전혀 이상하지 않을 듯한 풍경.

구룡포 해수욕장에 이르자 수온이 적어도 3도는 올라간 듯, 서너 명씩 짝을 지어 놀러 온 피서객들이 물장구를 쳐대고 있었다. 구룡포九龍浦는 신라 진흥왕 때 장기 현감이 고을을 순찰 중 별안간 하늘에서 천둥이 치고 폭풍우가 휘몰아쳐서 급히 민가로 대피했는데, 이 때 해안에서 아홉 마리 용이 승천하였다고 해서 지어진 이름이다. 아홉 마리 용이 승천한 포구, 구룡포.

『디워』에선 용 한 마리 승천하는 장면으로 온 나라가 야단법석이었는데, CG도 없던 시절에 아홉 마리나 되는 용이 승천하는 장면을 보았다면 정말 장관이었을 것이다. 한강의 발원지 검룡소에서부터 『디워』에 이르기까지, 한 마리 이무기나 한 마리 용에 얽힌 이야기는 들어봤어도, 아홉 마리나 되는 용이 승천했다는 이야기는 구룡포에 와서 처음 듣는다. 게다가 칠룡포 七龍浦, 오룡포五龍浦, 삼룡포九龍浦 같은 지명이 없는 걸로 봐서 구룡포 전설은 참으로 독창적인 이야기임에 틀림없다.

구룡포는 잠잠했다. 이무기들이 원 없이 하늘로 올라갔으니 평화로운 해변일 수밖에 없을 것이다. 바다 위에 띄워놓은 2인용 에어베드 위엔 반라의 남녀가 에어베드가 에덴동산이라도 되는 양 나란히 누워 있었다. 모자로 얼굴을 가린 그들은 파도가 이는 대로 구룡포 해수욕장을 떠다녔다.

나는 에어베드 위에 엎드린 채 종아리를 파란 하늘을 향해 치켜세우고 발가락을 꼼지락거리며 책을 읽으면 참 좋겠다는 생각을 했다. '지퍼락에 책을 가지고 바다로 나가 물 위에 띄워둔 에어베드 위에 올라타고 둥실둥실 책을 읽으면 정말 기분이 둥실둥실하겠군.'

근데 결국 책은 젖고 말 것이다. 그러니 물에 젖지 않는 책이 있다면 참 좋겠다는 상상이 들었다. 여름휴가용 방수 책 Water Resistance Book for The Summer Holidays. 그러나 여름휴가용 방수 책이 나올 가망성은 없어 보였다. 여름 한철 장사하려고 물에 젖지 않는 특수 종이로 책을 만들 출판사는 없을 테니까.

사실 많은 사람들이 피서지에 책을 챙겨 가지만, 난 소설책 한 권 다 읽고 돌아오는 사람을 좀처럼 본 적이 없다. 다들 들고는 갔는데 읽지도 못하고 오는 게 대부분이다. 그러니 어차피 다 못 읽을 책이라면, 소설보다는 시집이 나을 듯했다. 나 역시 여행을 떠날 때면 배낭 속에 책을 챙겨 떠나곤 했는데, 가장 기억에 남는 책은 동해안의 해변에서 읽은 장정일의 『햄버거에 대한 명상』이다. 나는 해변의 모래사장에 누워 내 머리통으로 만든 작은 그늘이 사철나무 그늘 아래이기라도 한 양 시집을 읽었다. 파라솔을 대여할 여력도 없던 푸른 스물이었고, 혼자 떠난 여행이었다.

그랬으면

좋겠다 살다가 지친 사람들
가끔씩 사철나무 그늘 아래 쉴 때는
계절이 달아나지 않고 시간이 흐르지 않아
오랫동안 늙지 않고 배고픔과 실직 잠시라도 잊거나
그늘 아래 휴식한 만큼 아픈 일생이 아물어진다면
좋겠다 정말 그랬으면 좋겠다

– 장정일의 「사철나무 그늘 아래 쉴 때는」 중

ⓒ 정성국

구룡포 앞 바다에서 만난 사람들은 정말 장정일이 들려주던 「사철나무 그늘 아래 쉴 때는」처럼 모든 시름도 잊고 평화로워 보였다. 구룡포 아니라도 동해안 해안도로를 따라 올라오는 동안 천국은 곳곳에 있었다. 나른하고 조용하고, 그러다 졸릴 만하면 가끔씩 들려오는 행복한 비명 소리는 고작해야 "아아악, 엄마야!" 정도다. 심심한 천국. 그러나 사람들은 피서철이 지나고 나면 내륙으로, 내륙으로, 신나는 지옥이라 불리는 도시로 썰물 빠지듯 되돌아갈 것이다.

'인간은 본질적으로 천국보다 지옥을 더 좋아하는지도 몰라.' 에어베드가 없는 나는 바다 위에 발라당 드러누워 파도에 몸을 맡긴 채 둥실둥실 그런 생각을 하고 있었다. 이어 조간신문과 9시 뉴스를 떠올리며 인간은 미담보다 사건·사고를 더 좋아하는지도 모르겠다는 생각도 했다. '그래, 인간은 에덴에서 추방당한 게 아니라 천국이 심심하니까 자초해서 신나는 지옥으로 온 걸 거야.'

1시간 30분가량 수영을 한 뒤, 우리는 빨간 사과 한 알씩을 베어 먹고는 다시 차에 올랐다. 달랑 수영 팬티 바람에 좌석에는 마른 수건 한 장씩을 깔고서. 물방울은 똑똑, 자동차는 부릉부릉.

진정한 이 땅의 끝을 보다

한반도의 최동단最東端 호미곶으로 가는 길에서 나는 이런 의문이 생겼다. 두 발 달린 동물의 끝은 머리와 발이고, 네발 달린 동물의 끝은 머리와 꼬리가 아닐까? 이 땅을 토끼 모양으로 보나 호랑이 모양으로 보나 부산이 항문이듯, 이 땅을 토끼로 보나 호랑이로 보나 호미곶은 꼬리다. 그러므로 나는 해남의 땅끝마을이 이 땅의 끝이 아니라 호미곶이야말로 이 땅의 끝일 거라는 생각을 했다. 실제로 구룡포를 지나 호미곶으로 가는 길의 풍경은 세상의 끝으로 가고 있는 듯한 느낌이었다. 남아메리카의 최남단, 칠레의 푼타아레나스로 가는 길이 이런 느낌일까?

설날 해돋이 관광객들이나 패키지 버스 관광객들이 아니라면 오가지 않는 도로가 장기반도를 에둘러 가는 925번 지방도다. 바쁘지 않더라도 굳이 꼬리를 따라서 에돌아갈 필요는 없을 테니까. 그래서 사람들은 31번 국도를 타고 포항과 울산을 오가거나, 7번 국도를 타고 포항과 울산을 오간다.

1:1,300,000 축적의 관광 안내도에 나와 있는 구룡포에서 호미곶을 돌아 포항으로 가는 해안도로는 창백하다. 가늘고 하얀 선이 그어져 있을 뿐 번호조차도 쓰여 있지 않으니까. 그 가늘고 하얀 선 위로

여름 뙤약볕이 쏟아졌다. 길 위엔 인적도 없다. 하늘도 텅 비어 있다. 텅 빈 하늘 너머 수평선 위로 고래처럼 생긴 구름 한 마리 헤엄쳐 가고 있을 뿐이다.

호랑이의 꼬리, 호미곶 虎尾串의 해맞이 공원에 이르자 어디서 왔는지 주차장에 단체 관광버스가 줄지어 서 있고, 차양모자, 야구모자, 사파리모자, 알록달록 양산을 쓴 아주머니, 아저씨, 학생들, 아이들이 눈을 잔뜩 찡그린 채 오가고 있었다. 반들반들한 콘크리트와 대리석 바닥에 반사된 햇빛이 눈을 찌를 정도다. 햇볕은 쨍쨍, 모래알은 반짝, 정말 땡볕이로구나.

해맞이 공원에 들어서면 가장 먼저 눈에 띄는 것도, 가장 많은 사람들이 모여드는 곳도 바다에서 솟아오른 '상생의 손' 앞이다. '상생의 손'은 오른손, 왼손으로 조성되어 있는데, 왼손은 내륙에서, 오른손은 바다에서 솟아올라 서로 마주보며 세워져 있다.

나는 바다와 내륙, 서양과 동양, 이성과 감성, 논리와 직관, 갖가지 의미를 부여한 인공조형물에 그다지 관심이 가지 않는다. 대신 손가락 끝에 오뚝 내려앉은 갈매기를 물끄러미 바라본다. 테오 앙겔로풀로스의 『안개 속의 풍경 Landscape In The Mist』 중 한 장면이 떠오른다. 바다 속에서 들어 올린 거대한 손이 허공을 지나가던 장면. 방향을 가리켜야 할 인지 人指가 부러져 나가 있던 오른손. 갈매기가 사람들이 인위적으로 의미를 부여한 조각 작품 위에 똥을 싸지르곤 허공으로 도약한다.

끼룩 끼룩-.

해남의 땅끝마을에서 당신이 기대했던 '땅끝'을 느끼지 못했다면 장기반도를 에둘러 한반도의 꼬리, 호미곶으로 가라고 권하겠다. 그곳에서 당신은 세상의 끝을 볼 수 있을지도 모른다.

그리고 언제나 끝은 새로운 시작이지.

북쪽으로 튀어! 3

천 년의 밤을 보냈던 청송으로 가는 길

여름 피서를 떠났다고는 하지만 우리들은 호랑이 항문에서 출발해 12번째 척추 뼈 즈음에 위치한 강릉을 거쳐 서울이라는 이 땅의 심장으로 돌아간다는 아우트라인만 세웠을 뿐, 어떤 명소에 들를 것인지, 어디서 잘 것인지 따위의 디테일한 계획은 전혀 없었다.

해수욕장을 만나면 이미 수영복 팬티 차림이라 탈의실을 이용할 필요도 없이 풍덩! 지치지 않을 정도로 헤엄을 치고 소나무 그늘에서 사과를 아작아작 씹으며 휴식, 그리고 젖은 팬티 바람으로 다시 차에 올라 동해의 해안도로를 만끽하다가 또 다른 해수욕장을 만나면 또다시 풍덩!

어떤 지방에서는 어떤 장소를 놓치면 안 된다는 식의 강박관념도, 숙박 예약이 다 차면 잠 잘 곳이 없다는 식의 염려도 없었다. 아름다운 해변을 만나면 그곳에서 놀고, 잠들고 싶은 길을 만나면 그저 잠들면 될 뿐.

우리는 925번 지방도로에서 빠져나와 포항으로 들어섰다. 해안도로가 없는 탓에 부득불 시내를 지나며 반라의 E라인(앉으면 배꼽에서 한 번 접힌다는 그 라인)을 과시하며 포항의 미풍양속을 살짝 해친 뒤 북쪽으로, 북쪽으로 휘파람을 불며 올라가고 있었다. 다시 해안도로로 이어지며 칠포 해수욕장이 나오고, 월포 해수욕장이 나오고, 화진 해수욕장이 나오고, 장사 해수욕장이 나오고, 오포 해수욕장이 나오고, 그렇게 해수욕장이 나올 때마다 수영을 하고…….

- 이제 슬슬 내륙으로 들어가보는 게 어때?
- 그래! 주왕산에서 하룻밤 자는 것도 좋겠군!
- 개울에서 소금기도 씻고, 굿 초이스!

굿 초이스란 말에 잇따라 청송으로 가는 이정표가 이어지고, 숲으로 난 샛길에 들어서자 굿 스트림이 나왔다. 『1:25,000 전국 도로 지도』에도 번호가 기재되어 있지 않은 시골길이라 그 개울이 있던 위치를 설명하기는 난감하지만, 시골길에서 흔히 만날 수 있는 그런 개울이었다.

근교에서 놀러 온 가족들이 텐트를 치고, 수박을 깨 먹고, 물장구를 치고 노는 곳. 흔하디 흔하지만 어디라고 정확히 설명해주긴 까다로운 곳.

원래 평범한 모습을 설명하기가 제일 힘들지 않던가? 봉준호의 『살인의 추억』에서도 데이빗 핀처의 『조디악^{Zodiac}』에서도 아이들이 연쇄살인범의 외모를 설명할 때 사용하던 그 문장.

- 그냥 평범해요.

평범한 개울 한가운데는 상류에서 내려오는 물길에 비해 어른 키는 족히 될 정도로 깊어 보였다. 아마도 마을의 누군가가 멱 감고 놀라고 포크레인으로 바닥을 파냈을 것이다.

우리는 트렁크에 있던 수박을 꺼내 개울물에 담그고 아이들과 함께 물놀이를 했다. 아이들은 개울가에서, 우리들은 개울 한가운데를 지나다니며 "공 떠내려가요. 좀 잡아주세요!"란 소리가 들리면 얼른 공을 붙잡아 던져주는 식.

바닷물에 비해서 민물은 훨씬 차가웠다. 그래서 수박도 흐르는 물에서는 금세 차가워졌다. 우리는 온몸에 잔뜩 달라붙어 있던 소금기도 씻어내고, 달콤한 과즙 흠뻑 머금은 수박 한 통도 깨 먹은 후 떠날 채비를 했다. L형은 반바지를 챙겨 입었고 K는 얇은 면바지를 입는데……. 나는 이렇다 할 바지가 없었다. 긴 바지는 입기 싫고, 반바지는 마르지 않았고, 마른 하의는 팬티뿐이니 어쩌란 말인가?

나는 삼각팬티 위에 사각팬티를 덧입었다.

― 이건 어때? 반바지처럼 보이지 않아?

― 그거 팬티 아냐?

― 알록달록하니까 반바지처럼 보일 거야. 게다가 곧 해도 질 텐데!

― ……R, 글쎄다.

ⓒ 홍달영

나를 위한 여행을 떠나봐

여름 해는 좀처럼 지지 않았다. 7시가 넘어도 날이 훤하다. 아니, 오늘은 아예 지지 않기로 작정이라도 했는지 쨍쨍 눈을 부라리고 있었다.

주왕산 국립공원 입구 주차장에 차를 세우고 마을 안쪽을 향해 걸어갔다. 식당 앞 평상에 앉은 아주머니께서 야채를 다듬고 계셨다.

- 아주머니 식사 됩니까?
- 응.
- 민박 치는 집은 어디죠?
- 우리 집도 민박해. 우리 집에서 자고 가.
- 얼마죠?
- 3만 원.
- 좀 더 싸게 안 될까요? 여기서 밥도 먹고, 술도 마실 텐데!
- 그럼 5,000원 깎아줄게. 근데 총각 그거 빤스 아닌가?
- 아니, 이게 팬티로 보인단 말이에요? 반바지처럼 보이지 않아요?
- 척 보니 빤슨데, 뭘!

- 이렇게 알록달록한 팬티가 어디 있어요? 사실은 이거 팬티랑 반바지 겸용이에요.
- 빤스 입고 설치다가 어른들한테 욕먹기 전에 얼른 갈아입어.
- 네…….

결국 '아주머니'라고 하기엔 연세가 많이 드신 할머니에게 사각팬티를 반바지라고 우기는 것은 수포로 돌아갔다. 할머니가 척 보고 눈치를 챈 것으로 봐서 다른 어르신들 눈을 속이는 것도 쉽지 않을 듯했다. '노인들 눈썰미가 너무 날카로워. 산 좋고 물 좋은 곳에 사셔서 그런가?' 긴 바지로 갈아입고 나자 괜스레 날이 더워진 듯 했다.

도토리묵에 파전을 시켜두고 우리는 막걸리를 마셨다. 여름날 느티나무 그늘 아래 평상에서 술을 한잔 마시는 기분은 그만이었다. 친구들과 함께 시골 할머니 댁에 내려와 두런두런 이야기를 나누는 듯한 기분이었다.

- 사람들은 늘 시간이나 경제적 여유가 없다는 이유로 여행을 떠나기가 어렵다고 하지만, 실은 시간이나 돈이 문제가 아니라 마음의 여유가 없어서 그런 것 같아.
- 맞아. 설령 시간이나 경제적 여유가 생기더라도 미래를 위해 그 여유를 준비하고 저축하는 데 써야 할 것만 같고, 결국 여행 대신 다른 것들을 선택하지. 그래놓고선 누가 여행가자고 하면 시간이 없

다, 돈이 없다, 같은 대답을 해. 여행을 가더라도 학교나 직장 다니며 스케줄 관리하듯 몇 시에는 어딜 구경하고, 잠은 어디에서 자고, 당최 풀어헤치질 않잖아. 그런 게 다 마음의 여유가 없어서 그런 것 같아. 마치 친구 집에 놀러 가서도 숙제하고 있는 애들처럼 말이야.

- 여행 추억을 담기 위해 미니 홈피를 만드는 게 아니라, 미니 홈피에 남기기 위해 여행 간다는 말도 있더라. 사진 찍고, 입장권 모으고, 나 어디 갔다 왔어요! 여행이란 게 '자기 자신을 위한 여행'이 되어야 하는데 그런 건 순전히 '남을 위한 여행'이잖아!

시간도, 돈도 넉넉하지 않지만 마음의 여유만은 철철 넘치는 세 사내가 주왕산 자락 아래에서 어둑어둑해져 오는 여름 밤 풍경을 바라보고 있었다.

천 년의 밤을 보낸 기억

나에게 청송은 초행길이 아니었다. 열다섯의 나이로 집을 나와 한겨울의 이 땅을 떠돌던 무렵, 마지막에 이른 곳이 청송이었다. 텅 빈 방범 초소 안에 침낭을 깔고 잤던 첫날밤의 노숙에서부터 시작해, 지리산의 산장과 하룻밤 묵고 가겠다는 어린 과객에게 라면을 끓여주던 대학생, 잠자리와 아침을 챙겨주던 대구 어느 여관의 마음 착한 아주머니, 그 누구의 눈치도 보지 않고 잠잘 수 있었던 독서실들을 거쳐 청송에 이르렀을 때, 나는 그곳에서 만난 동갑내기 시골 아이들과 어울려 몇 날을 보내게 되었다.

> 아이가 아이였을 때, 팔을 휘저으며 다녔다.
> 시냇물은 하천이 되고 하천은 강이 되고
> 강은 바다가 된다고 생각했다.
> 아이가 아이였을 때, 자신이 아이란 것을 모르고
> 완벽한 인생을 살고 있다고 생각했다.
> 아이가 아이였을 때, 세상에 대한 주관도 습관도 없었다.
> 책상 다리를 하기도 하고 뛰어다니기도 하고,
> 사진 찍을 때도 억지 표정을 짓지 않았다.
>
> – 페터 한트케의 「아이의 노래」 중

또래 시골 아이들과 어울려 노는 건 즐거웠지만, 사춘기 소년의 의문은 좀처럼 풀리지 않은 채 겨울 강처럼 꽁꽁 얼어붙어 있었다. 이대로 놀기만 하다간 처음 집을 떠난 이유조차 잊어버릴지도 몰라. 질문들에 대한 답을 알아내기도 전에 겨울 강이 먼저 풀릴지도 몰라.

소년은 그날 밤 홀로 침낭을 챙겨 겨울 강으로 갔다. 강변에는 낮에 본 콘크리트 관들이 쌓여 있었다. 지름이 1m가 넘는 굵은 배수관들이었다. 그믐달이 뜬 어두운 밤, 소년은 낮에 시골 아이들이 장작을 훔쳐오던 담벼락에서 살금살금 장작을 옮겼다. '이 정도면 하룻밤을 버티기엔 충분할 거야.'

소년은 모닥불을 피우고 콘크리트 관 안쪽에 침낭을 폈다. 새벽이 올 때까지 그동안 답하지 못했던 질문들에 대해서 생각하기로 하자. 그리고 새벽까지 의문이 풀리지 않는다면 아무도 없는 산속으로 들어가자. 깜박깜박 졸음이 왔다. 잠이 들고, 모닥불이 꺼진다면 얼어 죽고 말겠지. 소년은 알람시계를 1시간 단위로 맞췄다. 이렇게 해두면 설령 깜박 졸더라도, 그래서 모닥불이 꺼지더라도 1시간 내에는 일어날 수 있을 테지.

소년은 골똘한 자신의 의문 속에 웅크린 채 새벽을 기다렸다. 그러나 어찌된 영문인지 시간조차도 꽁꽁 얼어붙은 듯 흘러가지 않았다. 영하 10도에 이르는 추위 속에서 하룻밤이 천 년처럼 느껴졌다. 아니 정말 천 년의 밤이었다. 천 년의 밤 한가운데, 소년 홀로 배화교拜火敎 신자처럼 불을 바라보며 새벽을 기다리고 있었다.

끝없는 질문들이 천 년의 밤 속으로 잠겨갔다. 마른 장작은 불 속으로 들어갔고, 불 속에서 타오르다가 검고 흰 재가 되었다. 이윽고 고개를 든 소년은 자신의 의지로 죽음을 이겨냈다는 것을 알았다. 푸른 기운이 서서히 일어나며 동이 터오는 모습이 보였던 것이다. 살았구나!

ⓒ박준성

아이가 아이였을 때, 이런 질문을 하곤 했다.
나는 왜 나이고 네가 될 수 없을까?
나는 왜 여기에 있고 우주의 끝은 어디에 있을까?
언제부터 시간이 있었고 또 그 끝은 어디일까?
태양 아래 살고 있는 것이, 내가 보고 듣는 모든 것이
모였다 흩어지는 구름 조각은 아닐까?
악마는 존재하는지, 악마인 사람은 정말 있는 것인지,
지금의 나는 어떻게 나일까?
과거엔 존재하지 않았고, 미래에는 존재하지 않는
다만 나일 뿐인데 그것이 나일 수 있을까?

– 페터 한트케의 「아이의 노래」 중

그때 소년의 눈 속으로 '타기 전의 장작더미'와 '불에 타고 있는 장작'과 이미 '재가 되어버린 장작'이 한눈에 들어왔다. 거대한 문양이 새겨져 있는 망치의 이마가 자신의 이마를 딱 때리는 것만 같았다. 하아! 그렇구나!

그리고 소년은 집으로 돌아갔다. '자기 자신을 위한 여행'으로부터.

현관문을 여시던 어머니는 그 사이 얼굴이 몰라보게 새까맣게 타들어가 있었고, 소년은 크리스마스 날 말없이 가출한 탕자. 아버지의 엄벌을 예감하고 있었다. 아, 얼마나 혼이 날까? 소년은 두려웠다. '15세 소년 표류기'에서 돌아온 소년은 누가 뭐래도 15세 소년이었으니까.

안방으로 들어가 아버지 앞에 무릎을 꿇었다. 도대체 이 상황에서 어떤 말을 해야 하는 걸까?

- 너는 이미 다 컸다……. 부엌에 가서 어머니한테 잘못했다고 말씀드려라.

그것으로 끝이었다. 엄벌도 매도 없었다. '너는 이미 다 컸다'가 끝이었다. 그리고 소년이 '자기 자신을 위한 여행'에서 돌아와 얻은 것은 열여섯 살부터 시작된 '자유'였다.

다시 찾은 청송에서 나는 좀처럼 잠들지 못했다. 천 년의 밤이 자꾸만 떠오르고 떠올라서 뒤척였다.

버찌를 따려 높은 나무에 오르면 기분이 좋았는데 지금도 그렇다.
어릴 땐 낯을 가렸는데 지금도 그렇다.
항상 첫눈을 기다렸는데 지금도 그렇다.
아이가 아이였을 때 막대기를 창 삼아서 나무에 던지곤 했는데
창은 아직도 꽂혀 있다.

— 페터 한트케의 「아이의 노래」 중

죽어도 여한이 없을 길들의 풍경

I'm a connoisseur of roads. I've been tas
road will never end. It probably goes all

북쪽으로 튀어! 4

난 길의 감식가야.
I'm a connoisseur of roads.

평생 길을 맛볼 거야.
I've been tasting roads my whole life.

이 길은 끝이 없어.
This road will never end.

이 길을 따라 지구 어디라도 갈 수 있어.
It probably goes all around the world.

— 구스 반 산트의 「아이다호 My Own Private Idaho」 중

    내가 지나온 길에서 들른 이름난 관광지나 명승지치고 큰 감흥을 준 장소는 많지 않다. 그런 까닭은 일단 취향의 문제(우리들 삶의 문제에 있어서, 실은 옳고 그름이 없는 경우가 대부분이다. 다만 취향의 문제일 뿐)이겠지만, 나에게 이름난 관광지나 명소들은 대부분 장학사가 오기 전 환경 미화를 하고 깨끗하게 청소를 해놓은 학교 같은 느낌이었다. 그리고 그런 학교에는 언제나 선생들과 학생들이 많았다. 하여 그런 장소들은 쉬

이 잊혀졌다. 그러나 그 장소까지 '가는 길'들의 풍경만은 또렷이 남아 있다.

자동차를 '길에 관한 다큐멘터리 영화관'이라고 여기는 내가 태운 사람들 중에는 더러 '가는 길' 내내 잠을 자는 사람들도 있었다. 나는 그런 이들을 볼 때면 안타까웠다. 비싼 기름으로 영사기를 돌리고 있는데, 그는 이 아름다운 영상들을 보지 않은 채 엔딩 타이틀만 볼 셈인가?

그들은 '길에 관한 다큐멘터리' 본편이 끝나고 엔딩 타이틀(목적지)이 올라갈 즈음에야 눈을 떴다. 그리곤 차에서 내려 무미건조한 텍스트를 읽어내린 후, 영화 포스터나 영화 캐릭터 모형 같은 배경들 앞에서 사진들만 팡팡 찍어댔다.

사람들에게 여행의 목적지는 목적지 그 자체였지만 내게 여행의 목적지는 언제나 '길 그 자체'였다. 그런 까닭에 나는 여행을 떠나면 언제나 머무르기보다는 잠들기 전까지 떠돌았다. 낯선 길과 낯선 풍경, 그리고 다른 시간이 만들어내는 같은 길의 다른 느낌들. 그래서 내가 감흥을 느꼈던 길에 대해서 말하기는 언제나 쉽지 않았다. 그 길 위에 기념할 만한 건물이니 유물 혹은 이렇다 할 만한 표지판이 항상 세워져 있는 것은 아니었으니까.

그러니 누군가 내 얘기를 듣고 '그 길'을 찾아간다고 해서 내가 만났던 '그 길'을 만날 수 있으리라는 보장은 없다. 그건 타이밍의 문제니까. 내가 길 위에서 보는 풍경은 언제나 그 시간 속에 단 한 번만 존재하는 풍경이었다.

내가 여행의 기록을 남기는 까닭은 단지 당신이 길 위에 나서기를, 그리고 당신의 낙관을 찍을 당신의 길 Your Own Private Road 을 발견하기를 바라서이지, 내가 지나갔던 '그 길'을 만나길 바라기 때문은 아니다. 내 글을 읽다가 혹 마음이라도 동하여 길 떠난 당신이 "난 이제 죽어도 여한이 없어!"라고 외칠 수 있을 만한, 그런 길을 만날 수 있다면!

바람 따라 흘러가는 무정형의 삶

츠츠 츠츠 츠츠츠츠 츠츠 츠츠 츠츠츠츠.

관광객들을 피해 일찌감치 나선 길이었다. 아침 이슬에 젖어 있는 수목들과 나무 그늘에 잠겨 있는 도로. 주왕산 제1 폭포로 올라가는 오솔길 한가운데 초록 뱀 한 마리가 혀를 날름거리고 있었다.

– 어? 뱀이네?

우리는 녀석의 가늘고 기다란 태態를 물끄러미 쳐다보았다. 녀석도 우리가 자신을 보고 있다는 걸 이미 눈치를 챈 듯한데 도망을 가거나 하지 않았다.

- 너 이대로 해가 쨍쨍해질 때까지 기다려 해바라기라도 할 모양이니? 지금이야 이른 시간이라 괜찮지만 곧 단체 관광객들이 몰려올 텐데.

녀석은 묵묵히 건너편의 숲을 노려볼 뿐 미동도 하지 않았다. 결국 우리는 녀석이 놀라지 않도록 천천히 길가로 걸음을 옮겨 비켜갔다. 초록 뱀과 좀 더 대화를 나눠보고 싶었지만 우리들 역시 단체 관광객들을 피해가고 싶은 건 마찬가지였으니 서두르는 게 좋을 듯 했다.

나의 '15세 소년 표류기' 때 주왕산에 들른 후 꽤 오랜 세월이 지났지만 주왕산은 여전히 아름다웠다. 폭포로 올라가는 길은 험하지도 않았고 심심하지도 않았다. 하늘을 향해 고개 쳐들고 걷노라면 곳곳에 기암절벽이 자태를 뽐내고 있고, "멋진데!" 하고 감탄을 터뜨리다 보면 제1 폭포고, 제2 폭포고, 제3 폭포다.

처음 주왕산에 왔을 때는 겨울이었고 폭포들은 꽁꽁 얼어

붙어 있었다. 그때 나는 학소대鶴巢臺, 급수대汲水臺, 기암旗巖, 연화봉蓮花峰을 올려다보며 감탄했지만 폭포에서는 별다른 감흥을 느끼지 못했다. 한겨울의 폭포는 그저 허공을 가로지르고 있는 얼음덩어리에 불과했으니까.

그러나 지금 폭포는 콸콸 소리를 내며 쏟아진다.

도시인들은 더러 공원이나 가게 옆에 인공 폭포를 만들어놓기도 하는데, 대체 폭포의 무엇이 인간으로 하여금 마음을 끌리게 하는 것일까? 그저 물일 뿐인데. 돌처럼 채일 정도로 많은 강이나 개울과 달리 폭포는 다이아몬드나 루비처럼 희소가치가 높기 때문일까? 높이 20m, 50m, 100m, 그렇게 낙차가 크면 클수록 더더욱 사람의 시선을 끄는 폭포의 매력은 무엇일까? '수직', '추락', '힘'과 같은 단어들이 두서없이 떠올랐지만 생각을 접고 그저 폭포를 바라보기로 했다. 참 아름답구나!

주왕산 봉우리에 오르고 싶었지만 다수결 원칙에 의해 나의 바람은 수포로 돌아갔다.

— 내려가서 점심 먹고 떠나자.

— 그래, 아침도 먹지 않았잖아?

우리 일행은 내려오는 길에 주왕산 산장에 잠시 들렀다. 태풍, 폭우 등 재해 시에 비상용으로 사용되는 산장 안엔 아무도 없었다. 깨어진 창문, 먼지 낀 침상, 뒹구는 이불. 창문을 넘어 빈 건물 안으로 들어가 이리저리 둘러보고 베란다로 빠져 나왔다. 낡은 소파 하나와 삐걱거리는 의자가 주방천을 향해 등을 기대고 놓여 있었다.

우리는 낡은 소파에 앉아 계곡을 내려다보았다. 그리고 고개를 들자 파란 하늘 위로 흰 구름이 한 점, 두 점, 세 점…….

유년시절, 여름이면 나는 옥상에 돗자리를 펴고 누워 조각 구름이 지나가는 모습을 바라보기를 무척 좋아했었다. 그리고 지금도 좋아한다.

지금이나 그때나 변함없이 구름은 매혹적인 대상이다. 구름의 형상은 일정하게 정해져 있지 않았고, 그런 형상조차도 가만히 멈춰 있질 않았다. 구름 한 점 없이 새파란 하늘에 풍덩 빠져드는 것도 재미였지만, 나는 하나의 구름이 시시각각 예측할 수 없는 형상으로 변하다가 점점 옅어져서는 빈 하늘이 될 때까지 바라보곤 했다. 그 변모가 어떨 때는 너무 파란만장해서 입을 다물지 못할 때도 있었다. 어쩜 저토록 아름다울 수 있을까?

구름이 삼각형이나 사각형 혹은 원형과 같은 정형定形이었다면 그토록 감탄하지는 않았을 것이다. 구름이 아름다운 까닭은 무정형無定形이기 때문이었다. 그리고 그 무정형 속에 깃든 예측불가능성.

ⓒ 최민호

내게 구름이란 대상은 가장 아름다운 삶이며, 길이었다.
주왕산 위를 지나가던 조각구름도 우리들로서는 도무지
'다음'을 예측할 수 없는 형상으로 시시각각 바뀌다가
슬며시 새파란 하늘로 변해 있었다.

이 길의 BGM은 비틀스

주왕산에서 나와 경북 청송을 지났다. 살며시 가속페달에서 발을 떼고, 내 '15세 소년 표류기' 속의 마을과 강변을 찾으려고 기억을 더듬어보았지만, 내가 천 년의 밤을 보냈던 강변이 어디쯤이었는지 짐작이 가지 않았다. 꽤 오랜 세월이 지났고, 꽤 많은 변화가 일어났다. 사람도, 시골도, 도시도, 만물은 변하는 것이니까.

청송에서 안동호를 지나 낙동강을 따라 올라가보기로 했다. 우리는 『1:250,000 전국 도로 지도』에서 초록색으로 그려진 지방도를 찾았고, 샛길에서 샛길로 징검다리 건너듯 낙동강을 끼고 달렸다. 징검다리를 건널 때마다 기온이 1도씩 올라가는 듯한 느낌이었다. 드디어 여름 해가 정점에서 꺾어질 무렵, 우리는 차 한 대 지나가지 않는 시골의, 이름만 슈퍼인 어느 구멍가게를 만났다.

‒ 맥주 한잔 할까?
‒ 그럼 좋지!
‒ 맥주를 마시기에 최고의 타이밍이야!

캔맥주 3개와 천하장사 소시지와 감자깡을 사서 가게 앞 의자에 나란히 앉아서 들이켰다. 여전히 새파란 하늘 위로 조각구름들은 유유히 흘러갔고, 햇살은 대기를 36도로 달궈주고, 지방도는 지도에서뿐만 아니라 대지 위에서도 초록빛으로 번들거렸다.

가게 앞 나무 그늘 아래로 선선한 바람이 지나가길 몇 차례, 우리는 다시 차에 오르며 음악을 틀었다. 'All you need is love, All you need is love…….' 뒷좌석에 앉은 존 레논, 링고 스타, 폴 매카트니, 조지 해리슨이 엉덩이를 들썩거렸고, 우리는 함께 박수 치며 노래를 따라 불렀다. 초록 이파리들이 산들바람에 흔들리며 코러스를 넣었다. 러브, 러브, 러브.

끼익-. 우리는 낙동강을 오른쪽으로 끼고 노래를 부르며 지도에도 없는 샛길을 따라가다가 막다른 길에 다다르고 말았다. 길의 끝은 낙동강으로 곤두박질치며 물에 잠겨 있었다. K가 지도를 들여다보았다.

- 강 건너편 길이 우리가 지나가려고 했던 길이야. 이쪽 산 때문에 여기 다리가 있는 지점부터 저쪽으로 길이 이어졌어. 좀 전에 지나온 다리까지 되돌아가야겠다.

무심결에 지나쳤던 다리 하나가 폭 50m로 줄어든 낙동강을 가로지르고 있었다. 우리는 다리를 건너 다시 강을 거슬러 올라갔다.

얼마나 지났을까? 야트막한 언덕과 곡선으로 구부러지는 길을 둘러싼 초록빛에서 초록의 느낌이 달라진 것을 알 수 있었다. 나무들이 좌우가 아니라 하늘을 향해 쭉쭉 뻗어 올라가 있었고, 나무와 나무 사이의 거리는 촘촘해져 갔다. 그리고 다시 커브를 그었을 때 우리는 미처 예측하지 못했던 풍경과 조우했다. 내리막길의 끝에서 낙동강과 길이 다시 만나며 아름다운 산림과 길이 어우러진 황홀한 풍경이 펼쳐진 것이다.

"정말 멋진 길인데!"라고 내가 감탄사를 내뱉자마자 L형이 소리쳤다.

– 난 이제 죽어도 여한이 없어!

히말라야 정상도, 이과수 폭포 아래도 아니었다. 그럼에도 불구하고 L형의 입에서 "죽어도 여한이 없어!"라는 말이 자연스레 튀어나왔던 건, 우리가 마주친 길의 풍경이 아름답기도 아름다웠지만, 무엇보다 뚜렷한 계획도 없이 마음 가는 대로 떠도는 우리들의 여행 방식이 불러일으킨 어떤 감흥 때문이었으리라.

이제 죽어도 여한이 없다는 L형의 말에 "정말?" 하고 나는 반문했다. "응!" L형이 대답했다. 곁에서 K가 말했다. "나도!"

길 한가운데 차를 세웠다. 비틀스가 「Lucy in the Sky with Diamonds」를 불러주었고, 우리는 수영복 차림으로 자동차 꼭대기에 걸터앉아 죽어도 여한이 없는 풍경을 바라다보았다.

다이아몬드가 있는 하늘 속의 루시,
Lucy in the Sky with Diamonds,

다이아몬드가 있는 하늘 속의 루시,
Lucy in the Sky with Diamonds,

이 길은 끝이 없어.
This road will never end.

다이아몬드가 있는 하늘 속의 루시, 아아……
Lucy in the Sky with Diamonds, ah ah……

내 젖은 팬티 벗어 해에게 보여줄 때

낙동강과도 이젠 굿바이다. 우리는 다시 바다로 나가기 위해 현동에서 36번 국도를 타고 울진을 향해 달렸다. 영주에서 울진까지 동서로 쭉 뻗은 36번 국도는 죽미산, 황악산, 진조산, 통고산 등 1,000m에 근접한 산들 사이를 지나 불영천을 끼고 아름다운 내륙의 길들을 펼쳐놓다가 사람들을 바다에 내려놓는다. 그 길은 내 경험에 의하면 바다나 호수를 끼지 않고 달리는 내륙의 길들 중 가장 아름다우면서 최장거리 기록을 보유한 길이다. 불영사 계곡만 떼놓고 봐도 통고산에서 동해까지 40km에 이르고, 불영사 계곡 일원 15km 구간은 그 자체로 명승 제6호로 지정되어 있다.

불영사 계곡을 달리며 차창 밖으로 눈을 돌리면 한여름이라 할지라도 눈이 시리다. 미국의 그랜드 캐년이 전체적으로 갈색의 따뜻한 색조라면 한국의 그랜드 캐년이라고 불리는 불영 계곡은 푸른 천川과 하얀 암岸이 어우러져 서늘한 색조를 띠고 있기 때문이다. 굽이칠 때마다 눈 시린 수직 단애斷崖들이 어깨동무하듯 계속 이어진다. 기암절벽들이 굽도리를 이루고, 낯선 절경, 또 낯선 절경, 또 낯선 절경이 새롭게 나타난다. 36번 국도처럼 수십 km에 이르는 절경을 연달아 볼 수 있는 길은 흔치 않다.

산은 천축산天竺山, 수직 단애 꼿꼿이 좌정한 절벽들은 마치 갈비뼈를 허옇게 드러내고 있는 남방의 부처상(Fasting Buddha) 같다. 그리고 실제 그들이 부처다. 나는 불영사에 들러 대웅보전, 명부전, 관음전 등등 여러 당우들 속에 좌정하고 있는 부처상도 보았지만, 불영사 계곡을 따라 겹겹이 허리 곧추세우고 앉아 있는 부처들만큼 감흥을 주는 부처상을 만나지 못했다.

물론 그렇다고 해서 불영사가 볼품없는 사찰이란 의미는 아니다. 큰 못에 있는 아홉 마리 용을 주문으로 쫓아낸 후 그 자리에 절을 짓고, 서편에 부처의 형상을 한 바위 그림자가 못에 비치므로 불영사佛影寺라 불리게 되었다는 사찰은, 비구니 스님들이 수도하는 곳인 만큼 곳곳에 여성스러움이 은은하게 배어 나오는 곳이다. 부처의 그림자가 비친다는 못 가운데 연꽃이 햇살을 받아 살며시 속살을 드러냈다.

우리도 불영사에서 내려와 속살을 드러내고 불영사 계곡 한 자락에 몸을 담갔다. 며칠 새 소금기 많은 바다든 민물이든 개의치 않고 배영을 할 수 있게 된 L형은 연꽃처럼 둥실둥실 뜬 채 물결 따라 하류로 떠내려갔다가 다시 올라와 물속으로 들어가기를 반복했다.

　K는 큰 바위 때문에 왼쪽으로 틀어진 물길의 방향을 바꿔보겠다고 어린애마냥 삽 같은 돌을 주워와 큰 바위 오른쪽의 모래톱을 파댔다. 별 의미 없는 일이라 할지라도 한 번 꽂히면 몇 시간이고 파 들어가는 것이 K의 기질이다. 집요한 것이다. 그래서 엉뚱한 일에 시간과 정력을 낭비하기도 했고, 제대로 된 일에 꽂혔을 땐 그 집요함에 걸맞은 성과를 내기도 했다. 아마 『강력 3반』이나 『사생결단』을 해야 할 마약수사대 같은 곳에서 종사했다면 검거율 최고의 형사가 되지 않았을까?

　나는 그날 '불영천'에서 하마터면 '황천길'로 넘어갈 뻔했다. 수영을 하다가 계곡 한가운데에서 무심코 발을 내렸는데, 지레짐작과 달리 발이 바닥에 계속 닿지 않았다. 당황한 나는 쿨럭 물을 먹었고, 그 순간 깊은 물속으로 가라앉고 말았다.

　처음 겪는 일이었다. 쿨럭 쿨럭, 계속 물을 먹자 숨이 막혔고 발밑은 계속 허전했다. 너무 갑작스런 상황에 정신없이 발버둥을 쳐대다가 단 한 번 수면 위로 떠올랐지만, 사레가 들린 탓에 숨을 쉴 수도 소리칠 수도 없었다.

　정신이 혼미해지자 사람들이 어디에 있는지 모자이크 처리된 화면처럼 앞이 보이지도 않았다. 나의 바람과는 반대로 내 육신은 다시 물속으로 가라앉기 시작했다. 여름철 9시 뉴스에서나 듣던 사건이 나에게 일어난 것이다.

'R, 참아야 돼! 쿨럭거리는 걸 참아내지 않으면 물을 더 먹게 될 거야. 바닥이 닿지 않으면 어중간한 깊이에서 발버둥만 치다가 죽을지도 몰라. 일단 발이 바닥에 닿을 때까지 내려갔다가 바닥을 박차고 다시 올라오자. 그러면 어떻게든 방도가 생기겠지.'

글로 쓰자면 긴 문장이지만 시간적으론 찰나였다. 아무튼 그런 생각들이 한꺼번에 쏟아져 들어왔다. 곧, 바닥에 발이 닿았다. 지레짐작보다 깊어서 빠진 셈이지만 그렇다 해서 많이 깊지는 않은 듯했다. 나는 바닥을 차고 뛰어올랐다. 겨우 얼굴이 수면 바깥으로 나왔고 나는 숨을 들이쉬기보다는 사력을 다해 몸을 뒤틀며 배영 자세를 취했다. 힘껏 발을 차자 그제야 숨을 한껏 들이쉴 수가 있었다. 그러나 곧 쿨럭 쿨럭, 물 먹은 몸이 경련을 일으켰다. 그 와중에도 난 계속 발을 찼고 간신히 얕은 물가로 빠져나올 수 있었다.

내가 삶과 죽음의 경계선을 넘나들다 겨우 살아 나와서 본 건, 여전히 태평하게 모래톱을 파고 있는 K와 천천히 배영 자세로 떠내려가는 L형의 평화롭기 그지없는 풍경이었다, 마치 영화처럼. 산 채로 지상에 귀환한 나는 꽤 오래 물을 뱉어내며 쿨럭거렸다. 새로운 체험이었고, 그 체험은 그 자체로 다양한 갈래로 뻗어나가는 삶의 새로운 교훈이 되었다.

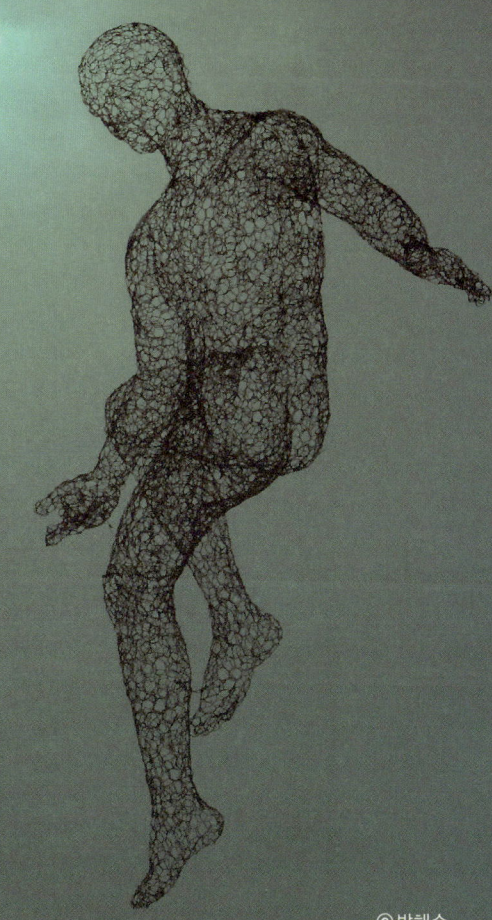

새로워지기 위해서는
얼마나 더 처절해져야 하느냐.
아직도 추락할 것이 있다면
절망도 끝난 것은 아니다.
더 깊이 낮아져보아라.
발아래 깔려봐야
새로운 희망을 말할 수 있다.

— 임효림의 「부활」 전문

망상 해수욕장의 망상

　울진에서부터는 7번 국도 위에 올라 다시 북쪽으로 거슬러 올라갔다. 양정, 봉평, 후정, 나곡, 월천, 호산, 임원, 장호, 용화, 문암, 궁촌, 부남, 덕산, 삼척, 동해안을 따라 줄줄이 이어지는 이름나지 않은 조촐한 해수욕장들이 일상에 지쳐 바다로 돌아온 사람들을 끌어안고 위로해주고 있었다.

　드디어 삼척. 삼척에는 이름만으로는 전국에서 최악이라고 할 만한 해수욕장이 있다. 스무 살에 만난 후진 해수욕장. 그때 나는 혼자 여행 중이었고, 삼척 터미널 근처 교회에 들어가 스펀지 방석이 있는 긴 의자 위에 누워 자다 깬 아침이었다.

　무작정 해변으로 걸어갔던 나는 처음 그 이름을 접하고 경악을 금치 못했었다. 세상에 이름부터가 후진(속된 말로 품질이나 성능이 낙후되었다는 의미) 해수욕장이라니! 그러나 후진 해수욕장은 이름과 달리 무척 맘에 드는 해변을 갖고 있었다. 그래서 나는 혼자 수영하고 책을 보고 놀았다. 그리고 해질 무렵 샤워장으로 갔다. 지자체에서 운영하는 공용 샤워장의 카운터 유리 뒤편에는 웬 여자애가 앉아 있었다. 내가 1,000원을 내밀자 그녀는 보고 있던 여성 잡지를 탁 내려놓으며 표를 건네다가……

- 어, 너 R 아니니?

카운터 안에 있는 여자애를 들여다보는 순간 나도 깜짝 놀랐다. 그녀는 같은 과 동기였다.

- Y, 네가 여긴 웬일이니?
- 나? 고향이 삼척이잖아. 아르바이트 중이거든. 넌 삼척에 웬일이야? 가족들이랑 놀러 왔어?
- 아니, 혼자 여행 중이야.

샤워를 하고 나온 나는 그녀와 카운터에 나란히 앉아 드문드문 오는 샤워장 이용객들을 받으며 새내기들이 나눔직한 그런 이야기를 나누었다. 첫 여름방학을 보내는 동기들의 소식 같은 것들. 누구는 핑클 파머를 했네, 누구는 염색을 했네, 이어서 요즘 듣고 있는 음악 이야기 등등.
그러다 그녀가 짧은 반바지에 맨 다리를 휙 꼬고는, 자기 다리가 11자로 보이는지 물었다. 응? 내가 어리둥절해하자 Y는 접어두었던 여성 잡지를 펼쳤다. 그 페이지엔 '다리를 꼬고 앉았을 때, 11시 방향으로 기울어진 11자처럼 보일 때 가장 아름답다' 라는 문장이 쓰여 있었다. 그리고 보니 조금 마른 듯 날씬한 그녀의 다리는 잡지 속 모델의 다리 같았다.

– 야아, 딱 11자다. 판타스틱 일레븐. 너 다리 모델해라! 하하하.

그녀의 아르바이트 시간이 끝나고 우리는 시내로 나가 함께 저녁을 먹었고, 맥주도 몇 잔 한 것 같고…… 그리고 그녀의 얼굴이 발그스레해질 무렵, 그녀는 "우리 집에서 자고 가지 않을래?" 하고 물었다.

– 그래도 되겠어?
– 응!

오해는 금물. 그녀의 오빠가 마침 지리산으로 여행을 가서 방이 하나 빈다는 것이었다. 나는 그녀의 집으로 갔고, 부모님께 인사를 드리고, 그녀의 오빠 방에 짐을 풀었다. 조금 있으려니 얇은 잠옷으로 갈아입은 그녀가 과일을 들고 와서는 방바닥에 철퍼덕 앉았다. 그리고 한참. 다 큰 처녀가 여름 잠옷만 달랑 입고 남정네 혼자 있는 방으로 들어가 한참을 나오지 않자 살짝 걱정이 된 듯한 그녀의 어머니가 그만 자라며 문을 두드렸다.

– 응, 지금 자리 갈려고 했어. R, 그럼 잘 자.

삼척에서의 지난 추억을 다 떠올릴 사이도 없이 우리는 망상 해수욕장에 도착하고 말았다. 망상 해수욕장에는 저무는 해가 무색하게 판타스틱 일레븐들이 가득했다. 해운대에서 북쪽으로 뛴 이후 가장 많은 인파였다. 이렇게 예쁘고 날씬한 여자들이 5km에 달하는 해변 이쪽 끝에서 저쪽 끝까지 삼삼오오 죽치고 앉아 헌팅해주길 기다리고 있는데 그냥 지나친다면 인간도 아니지! 그러나 서른 줄의 우리들을 아저씨라고 부를 게 빤한 여자애들이, 구레나룻에 턱수염 덥수룩한 L형까지 낀 우리들에게 넘어온다는 게 어디 가당키나 하겠나?

일단 맥주를 사기로 했다. 편의점에서 맥주 6병과 종이컵, 스낵, 아몬드 등등을 사갖고 나오는데, 홍콩 여배우 서기처럼 가냘프면서, 멕시코 배우 셀마 헤이엑처럼 봉긋한 여자가 맥주와 안주가 잔뜩 들어있는 비닐봉지를 내려놓은 채 근심 어린 표정을 짓고 있었다.

- 저기요, 해변에 있는 제 친구들 있는 데까지 같이 좀 들어주시면 안 될까요?

그녀의 얼굴은 근심 어린 표정을 지어도 어린애마냥 귀여워 보이는 제시카 알바처럼 참 맑았다. 여자가 도움을 청하는데 마다하면 인간도 아니지!

그렇게 시작된 그녀 친구들과의 술자리는 오징어잡이 배들이 훤히 백사장을 비출 때까지 계속되었고, 모자란 맥주를 사러 갔던 나와 그녀는 편의점 건물 벽에 기대어 키스를 했던 것 같고, 그녀의 입술은 촉촉한 젤리처럼 달콤했고, 그녀의 맨살은 밀가루마냥 보드라웠던 것 같은데……. 다음 날 눈을 뜨자 리넨 커튼이 드리워진 모텔 침대 위에 그녀와 난 단둘이 실오라기 하나 걸치지 않은 알몸으로 누워 있는 것이다, 라는 것은 망상 해수욕장에서 떠올린 나의 망상이다. 이건 정말 내 책임이 아니다, 망상妄想은 정말 망상妄想에 젖게 하는 그런 곳이었으니까!

　　망상이 더 길어지기 전에 이젠 정말 36,720m를 단 세 문장으로 줄이는 축지법을 사용해야겠다.

　　달랑 사내 셋이서 맥주를 마시며 바닷바람을 쐬다가 옥계에서 동해 2호 터널로 들어서기 직전 오른쪽으로 이어지는 샛길 위의 고갯마루에서 자고 일어난 다음 날, 우리는 고현정이 『모래시계』를 찍을 때와는 너무 달라져버린 정동진을 거닐었고, 나는 오래 전 정동진에 함께 왔던 한 여자를 떠올렸고, 다시 차를 몰아 강릉으로 올라가는 길에서 샛길로 빠져 김두수 선생이 한 시절 은둔했던 강원도 첩첩 산골에 들러 그 집 앞에 고이는 선녀탕에 풍당 들어가 수영을 하다가 팬티까지 벗었던 진 후, 물가에 셋이 나란히 드러누워 햇볕에 고추를 말리며 해운대에서 시작된 지난 길들을 더듬었다.

그때, 근 십여 년 만에 물가에서 선탠을 하던 나의 고추가 한껏 뽀송뽀송해진 표정으로 쳐다보며 물었다.

– 이봐, R. 내년 여름엔 어디로 튈 거야?

ⓒ박성준

ⓒ 윤하현

3장

오지여, 어디 있는가

정든 님, 또는 발원지를 찾는 연어

X와 Y, 여기 왔다 가다

초현실과 3억 년의 고독을 지나 승부를 보시겠습니까?

내 우상의 무덤으로 가는 길

벗이여, 행복한 여행길이길!

오지여, 어디 있는가 1

정든 님, 또는 발원지를 찾는 연어

　　책 한 권 달랑 들고 길을 잘못 들기 위해 떠나곤 했던 나는 간혹 마주치는 패키지여행 단체 여행객들을 보며 이런 생각을 하곤 했다. '사람들은 지구라는 행성에서 패키지여행을 하다가 떠나는구나.'

　　여행사 웹사이트에 올라와 있는 패키지여행 코스를 말하는 것이 아니다. 말 그대로 '지구'라는 행성에서의 패키지여행 말이다. 이미 수많은 세대를 거듭하며 검증된 코스에 따라 안전하고 표준화된 여행지를 거쳐 이 행성을 떠난다는 생각.

　　초등학교 – 중학교 – 고등학교 – (대학교) – (대학원) – 취업 – 결혼 – 출산 – 양육.

　　내가 가끔 드는 의문은 주변의 많은 사람들이 패키지여행은 싫다고 말하면서 정작 자신의 삶은 패키지여행하듯이 살아가는 데 만족한다는 것이었다. 남들보다 조금 늦으면 마치 투어 버스를 놓친 사람들처럼 안절부절못하고, 이미 버스에 올라 탄 사람들은 아직 버스에 오르지 않은 동행인을 향해 어서 버스를 타라며 소리치고, '시스템'이라는 명찰을 단 운전기사는 클랙슨을 울려대고, 게다가 자신의 아이들조차 패키지 가방 속에 쑤셔 넣는 모습들. 사람들은 삶이 곧 여행이며 우리들 모두 지구라는 행성으로 여행을 왔다는 것을 잊은 것일까?

그래, 우리는 잊음이 쉬운 머리를 가졌다. 그래서 우리가 이 행성에 온 여행자라는 사실을 30년이 되기도 전에 잊어버린다. 하여 나는 상상해본다. 우리들이 죽어 무덤에 들어갈 때 우리들의 관棺마다에 찍혀 있을, KS마크 같은 ES마크를.

ES Earth Standard / 발행처 : 지구표준협회

우리들 삶의 패키지여행은 어쩔 수 없다 하더라도, 남들 다 가는 관광지에서 벗어나 필자가 이끄는 낯선 소로小路에 들어서보는 것은 그리 나쁘지는 않을 것이다. 비록 그 길이 잘못 든 길이 되는지도 모르지만, '본질에 다다르느냐 못 다다르느냐는 크게 중요하지 않다. 그보다 더욱 중요한 것은 본질을 탐색해나가는 과정, 바로 그 자체이다'라는 리처드 브라우티건의 말에 대해서 고개를 끄덕여줄 수만 있다면. 그리고 우리는 알고 있다. 잘못 든 길을 통해 자신만의 길을 만들었던 사람들을.

내가 이 글에서 소개하고자 하는 여행지는 입간판도, 기념품 판매소도, 단체 여행객들을 위한 주차장도 없는 사북의 한 폐가(廢家)와 두 강(江)의 발원지가 있는 태백이다. 설령 그곳이 오지가 아니라 할지라도 내가 가지 않는다면 결국 그곳은 내 마음의 오지로 남는 것 아니겠는가.

한때 우리가 꿈꾸었던 한 세계

사북과 태백으로 떠나기 전에 한 권의 책과 한 편의 영화를 섭렵하면 좋을 것이다. 당신의 머리칼 사이로 잿빛의 현실과 사금파리처럼 반짝이는 희망을 동시에 뿌려놓을, 탄광촌을 배경으로 한 두 작품, 조세희의 『침묵의 뿌리』와 박광수의 『그들도 우리처럼』. 조세희의 『침묵의 뿌리』를 통해서는 1980년대 사북의 풍경을 만날 수 있고 박광수의 『그들도 우리처럼』을 통해서는 1990년 강원도 탄광촌의 풍경을 만날 수 있을 것이다.

그러나 『침묵의 뿌리』에는 사북만 있는 것이 아니다. 『그들도 우리처럼』에는 탄광촌만 있는 것이 아니다. 그 속에는 우리가 감추고 싶었던, 혹은 대답하지 않는 1980년대에서 지금 '사이'에 숨겨진 알리바이가 들어 있다. 그 '사이' 당신은 무엇을 하고 있었는가? 그 시절 그곳에 있었던 당신은 지금 무엇을 하고 있는가? 하여 이 글을 읽고 당신이 시동을, 혹은 차표를 사게 된다면 그것은 낙동강과 한강의 발원지를 찾아가는 길이자 동시에 스스로 연어가 되어 강(한국현대사로서 혹은 개인사로서)을 거슬러 올라가는 길이 될는지도 모르겠다. 비록 주변 사람들에게 "나 이번 패키지여행으로 어디, 어디, 어디 갔다 왔어!"라고 자랑스레 늘어놓을 거리는 되지 않는다 하더라도 말이다. 한정된 지면과 요약에 젬병인 필자의 운전 실력에 대해서 양해를 구하며 자, 시동을 건다.

강원도에서 가장 고지대에 위치한 읍, 사북으로 가는 길에 저녁 안개와 마주친다면 어쩌면 그 곳이 심해일는지도 모른다는 생각이 들 것이다. 어둠과 교미하는 짙은 안개 속에서 구불구불거리는 길을 헤드라이트 하나 달랑 밝히고 달리는 차는, 마치 야광 더듬이를 밝히며 깊은 바다를 헤엄쳐가는 심해어 같다. S자 코스를 따라 끊임없이 좌우로 꼬리지느러미를 흔드는 모습의……. 앞으로 얼마나 더 가야 수면 위로 얼굴을 내밀 수 있을까, 의문이 생길 무렵 당신은 사북에 도착하게 될 것이다.

사북에 내리면 먼저 『침묵의 뿌리』 139페이지와 141페이지의 사진이 보여주는, 사북읍을 가로지르는 큰 길 위에 서게 된다. '금성 양복점'과 '쥬단학 화장품'이 서 있던 그 거리.

밤이면 철 지난 크리스마스트리처럼 몇 개 상점의 불빛들만이 은구슬처럼 반짝거리던 그 거리에는 지금 ○○단란주점, ○○휴게방, ○○전당사가 줄 지어 서 있다. 석탄 소비량의 감소로 폐광이 늘면서 광부들은 마을을 떠났고, 강원랜드가 들어서면서 곳곳에 자동차와 금반지와 금시계를 맡기 위한 전당사가 들어서고, 카지노에서의 행운과 불운에 따라 사내들이 술을 퍼 마시거나 흥청망청 노래를 부르는 주점이 들어선 거리. 그리고 사진 속에서 기호 1번, 2번, 3번, 4번 국회의원 후보자들의 플래카드가 걸려 있던 전신주에는 '백두대간 보호법 결사 반대' 플래카드가 세찬 바람에 펄럭이고 있다.

내가 사북에서 당신의 손을 이끌고 가는 장소는 전국의 명소가 된 강원랜드가 아니라 사북역에서 오른쪽 방향으로 난 길이 천변과 맞닿은 곳에 있는 폐가 '정든 님'이다. 마스카라가 번진 여자의 검은 눈동자 같은, 실연당한 여자의 볼에 흐르는 검은 눈물자국 같은 건물.
그 처연한 자태를 보고 있노라면 갖가지 감정이 교차한다. 그 술집의 이름이 '달래네'라든가 '은실이네'와 같은 이름이었다면 그저 강원도 탄광촌에서 흔히 볼 수 있는 폐가려니 하고 지나쳤을 것이다. 그러나 폐가가 된 그 술집의 이름은 '정든 님'이다, 정.든.님.

그 집 속에는 한때 내가 사랑했던 여인이 들어 있을 것 같다. 한때 나와 함께 노래를 불렀던 친구들이 들어 있을 것 같다. 한때 우리가 꿈꾸었던 한 세계가 들어 있을 것만 같다. 가로등 불빛 아래에서 다소곳이 마치 금방이라도 무너질 것만 같은 인상의 건물은 서정주의 신부新婦를 떠올리게 한다.

　　……그러고 나서 40년인가 50년이 지나간 뒤에 뜻밖에 딴 볼일이 생겨 이 신부네 집 옆을 지나가다가 그래도 잠시 궁금해서 신부 방문을 열고 들여다보니 신부는 귀밑머리만 풀린 첫날밤 모양 그대로 초록 저고리 다홍치마로 아직도 고스란히 앉아 있었습니다. 안쓰러운 생각이 들어 그 어깨를 가서 어루만지니 그때서야 매운재가 되어 폭삭 내려앉아 버렸습니다. 초록 재와 다홍 재로 내려앉아 버렸습니다.

침묵의 뿌리, 희망의 뿌리

당신이 『2046』의 차우 선생처럼 도박에 빠져 한세월 보내고 싶지 않다면, 카지노 입장은 삼가는 것이 좋을 것이다. 그러나 구경 삼아 한 번쯤 강원랜드에 들르는 것은 그리 나쁘지 않다. 매일 지정된 프로그램에 따라 무료 영화와 공연이 오르는 곳, 어슬렁어슬렁하며 몸을 녹이기엔 딱 좋은 그런 곳.

카지노 한편에 있는 거대한 엘리베이터는 눈여겨볼 만하다. 비정상적일 정도로 거대한 덩치로 황금빛을 발하는 엘리베이터는 끊임없이 사람들을 '수직'으로 올려놓고 내려놓으며 카지노라는 천박한 자본주의의 상징, 그 자체로 작동하고 있다. 그건 마치 카지노의 심장처럼 보이기도 한다. 그리고 만약 황금빛의 엘리베이터를 촬영하려고 한다면 분명 어디선가 제복을 입은 직원이 나타나 손바닥으로 렌즈 앞을 가로 막을 것이다.

— 성스런 자본주의의 상징물을 함부로 촬영하는 것은 금지되어 있습니다!

이제 침묵의 뿌리, 아니 희망의 뿌리를 찾아 길을 떠나보도록 하자. 낙동강의 발원지인 황지黃池와 한강의 발원지인 검룡소儉龍沼.

낙동강은 강원도와 경상도를 지나 남해로 흘러가고, 한강은 강원도와 서울 그리고 경기도를 지나 서해로 흘러가지만, 낙동강의 발원지와 한강의 발원지는 멀리 떨어져 있지 않다. 두 강은 모두 태백산맥의 한가운데 도시, 태백에서 시작되기 때문이다.

먼저 황지는 태백시 한가운데 황지공원에 자리 잡고 있으므로 쉽게 찾을 수 있을 것이다. 아담하고 작은 공원에는 세 개의 연못이 있는데, 전설에 의하면 이곳은 황씨 성을 쓰는 부자의 집터였다고 한다. 시주 받으러 온 노승의 바랑에 구두쇠 영감은 쇠똥을 넣어주었고, 이를 본 며느리가 노승에게 잘못을 빌자 노승은 이 집이 곧 망할 테니 지금 당장 자신을 따라 길을 떠나라고 한다. "어떤 일이 있더라도 뒤를 돌아보아서는 안 된다"는 당부와 함께.

며느리는 그 길로 집을 떠났고, 길을 재촉하던 도중 천둥과 번개가 치자 그리스 신화나 소돔의 전설이 그러하듯이 놀란 며느리는 뒤를 돌아보고 그 자리에서 돌이 되고 만다. 그리고 집터에 떨어진 번개는 그 자리에 세 개의 연못을 만들었는데, 지금도 이 연못은 하루에 5,000톤의 물을 뿜어내며 1,300리를 흘러 남해로 흘러간다. 그것이 남한 최대의 강, 낙동강인 것이다.

연못과 연못을 잇는 다리 아래에는 소원을 비는 항아리가 있는데, 동전을 그 항아리에 던져 넣고 소원을 빌어보라. 물론 그리 어렵지도 않지만 100퍼센트 성공하리란 보장은 없다. 호주머니 속에 동전이 몇 개 없다면 동전을 눕히지 말고 세워서 수직으로 떨어뜨리면 된다. 성공 확률을 높일 수 있을 것이다.

한강의 발원지인 검룡소는 이곳에서 차로 30분 내의 거리에 있다. 태백시내에서 잠시 빠져 나와 삼수령 방면으로 35번 국도를 타고 10km 정도를 가면 왼쪽으로 검룡소 안내판을 만나게 된다.

고랭지 배추밭으로 이루어진 낮은 구릉 사이를 따라 겨울 햇살에 꾸벅 꾸벅 졸고 있는 농가를 지나쳐 10분을 더 달리면 검룡소 입구 주차장이 나온다. 여기서부터 검룡소까지는 걸어서 가야 한다. 흐르는 물소리를 들으며 오솔길을 20여분 올라가면 한강의 발원지 검룡소다.

옛날 서해 바다에 살던 이무기가 용이 되고자 한강을 거슬러 올라와 가장 먼 쪽의 상류 연못을 찾아 헤매다 이곳에 이르러 들어간 구멍이 검룡소가 되었고, 그때 이무기가 연못 속으로 들어가기 위해 몸부림친 자국이 지금의 폭포라고 전해지는 이곳은 전설만큼이나 원시적인 분위기가 느껴진다. 물이 솟아나는 소沼는 전체 둘레가 20m가 되지 않고 물이 뿜어져 나오는 구멍의 입구는 수면에서 2m 깊이도 되지 않지만, 하루에 2,000~3,000톤의 물이 솟아 나온다고 하니, 어떻게 이토록 많은 물들이 저 깊은 땅속에 들어 있었단 말인가?

어찌 이 많은 물들이 땅속에 들어 있었나

20세기에도 21세기에도, 아니 이 땅의 역사와 더불어 한결같이 수천 톤의 물을 뿜어내고 있는 한강의 발원지. 그 수면 위에 당신의 얼굴이 사금파리처럼 반짝인다. 그리고 당신의 얼굴을 담은 물이 아래로, 아래로 흘러간다.

　당신의 심연 저 아래에서 막혀 있던 암반이 뚫리고 새로운 희망이 샘솟는다. 심연深淵으로부터 당신의 심연心淵으로. 그렇게 솟아난 희망이 흘러 흘러 강을 이루고 바다를 향해 가리라.

X와 Y, 여기 왔다 가다

오지여, 어디 있는가?

ⓒ박성배

- 여보세요? ······응.
지금 몰운대 가는 길이야.
바닷가 말고 몰운대 있잖아.
황동규 시도 있는데, 「몰운대행」이라고.
아니, 황지우 말고 황동규.
······응. 내일 들어갈게.

    형수는 남편과 악마(예나 지금이나 부모들은 제 자식은 착한데 나쁜 친구의 꾐에 넘어갔다고 말하곤 한다. 배우자들도 그리 다르지 않다. 형수가 문을 열어줄 때면 내가 항상 듣는 소리가 있다. '이잉, 악마가 왔네? 악마가 왔어!')가 강원도 산간 지역의 오지 마을을 찾아간다고 해놓고선 몰운대沒雲臺 가는 길이라고 하니, 해운대나 태종대, 경포대처럼 몰운대 역시 바닷가에 있으리라고 여긴 탓인지 의아해하는 듯했다.

'몰운대'라는 지명을 인터넷에서 찾아보면, 부산 다대곶의 몰운대에 대한 정보는 쉽게 찾을 수 있어도 강원도 정선의 몰운대에 대한 기록은 흔치 않은 게 사실이다. 그러니 황동규 시인의 「몰운대행」이란 시를 읽지 않았거나, 강원도 정선 인근에 살지 않는 사람이라면 그 이름만으로는 해변으로 착각하기 십상일 것이다. 하지만 강원도 정선의 몰운대는 조양강으로 흘러드는 천변에 우뚝 솟아있는 절벽이다.

몰운대 절벽에 오르다

L형이 형수랑 통화를 하는 사이 나는 몰운대로 가는 정선의 산간 풍경에 감탄을 하고 있었다. 겹겹이 굽어지는 길 너머의 풍경이 너무 아름다웠기 때문이었다. 그러나 강원도 산간도로에서는 길이 한적하고, 차가 잘 다니지 않고, S자 코스의 대가大家라고 하더라도 마냥 풍경에만 눈을 둘 수는 없었다. 자칫 잘못하다간 차도를 지나가는 다람쥐나 오소리를 칠 수도 있기 때문이었다. 치지 않도록 조심하기도 해야 하지만, 그것 못지 않게 죽은 짐승들을 다시 밟고 지나가는 것처럼 찜찜한 것도 또 없다.

그날 아침에도 죽은 다람쥐를 만났다. 내가 갑자기 차를 세우자 L형이 뭔일인가 하고 어리둥절한 표정으로 나를 쳐다보았다.

– 잠깐만요. 아무래도 치워주고 가야겠어요.

갓길도 없는 길 한가운데 차를 세우고, 트렁크를 열어 면장갑을 끼고, 도로에 찰싹 붙어 있는 다람쥐에게 다가갔다. 다람쥐는 내장이 터져 나와 있었다.

나는 모기나 바퀴벌레도 죽이지 못하고 주사바늘이 살갗을 뚫고 들어가는 장면도 똑바로 쳐다보지 못하는 사내다. 그런 내가 내장이 터져 나간 다람쥐를 들어 올리는 것은 쉬운 일이 아니었다. 그러나 가만히 내버려두면 길을 지나가는 자동차들이 다리와 머리통을 으깨면서 지나가게 될 것이다. 게다가 어떤 경우엔 동물 사체를 피하려다 마주 오는 차량과 부딪쳐 더 큰 사고가 발생하기도 한다. 다람쥐를 위해서나 사람을 위해서나 그나마 도로가 한가할 때 길 바깥으로 옮겨야 될 일이었다.

다람쥐는 가벼웠다. 너무 가벼워서 가슴이 아팠다. 다람쥐를 가로수 아래 수북한 나뭇잎들 위에 내려놓았다. '다람쥐야, 묻어주고 가지 못해서 미안해.'

왜 자장은 강원도 산골에서 세상을 떴을까?
입적지入寂地 미상의 의상도
강원도 산골의 행려병자가 아니었을까,
이곳 어디쯤에서?
가파른 언덕을 왈칵 오르자
해발 1,280m의 만항재.
태백시 영월군 정선군이 서로 머리 맞댄 곳.
자글자글대는 엔진을 끄고 차를 내려 내려다보면
소나무와 전나무의 물결
가문비나무의 물결
사이사이로 비포장도로의 순살결.
저 날것,
도는 군침!
황룡사 9층탑과 63빌딩이
골짜기 저 밑에 처박혀 보이지 않는다.
바람 없이도 마음이 온통 시원하다.
잠시 목숨 잊고 험한 길 한번 마음 놓고 차를 채찍질해
정암사를 순식간에 지나서
정선 쪽으로 차를 몬다.

— 황동규의 「몰운대행」 중

몰운대 절벽 위에 서자 아래로 탁 트인 경관이 나타났고, 시인의 표현대로 건너편에는 신선하고 기이한 뼝대들, 빛을 받아 얼굴 환하게 늘어서 있었다. L형과 나는 뼝대를 지키고 있기라도 하는 듯 사지를 활짝 벌리고 있는 소나무 아래에서 몇 장의 사진을 찍고 한치고개로 돌아왔다. 시동을 건 채 잠시 망설였다. 오늘밤 잠자리로 정한 백봉령에는 오후 4시경이면 도착할 것이다. 너무 이르다. 어떡할까?

일단 우리는 백봉령까지 가보기로 했다. 다음 갈 길은 그때 다시 정하면 될 일이다.

백봉령에 오르자 푸른빛으로 굼실거리는 동해 바다가 내려다보였다. 이어 고갯길의 가게 하나가, 그리고 집을 지키는 강아지가, 그리고 한 사내가 눈에 들어왔다. 나는 이런 한적한 고개에서 가게를 운영하는 사내가 궁금했다. 왠지 단순히 상행위를 위해 그곳에 뿌리를 내린 것과는 다른 어떤 이유가 있을 듯했다. 속세 바깥으로 스스로 멀어지고자 하는 자들에게서 배어 나오는 특유의 냄새가 났다.

그러나 아직 해도 지지 않았고 통상 여행길에서 자정이 넘어서야 잠드는 우리가 이렇게 일찍 정착을 한다는 것은……. 해가 지기 전에 더 많은 풍경과 길을 보고 싶다는 욕심이 다시 시동을 걸게 했다.

— 이왕 여기까지 온 거 바다를 보고 갑시다. 어디가 좋을까요?
— 추암 해수욕장 가봤나?

- 아뇨.
- 애국가에 나오는 촛대 바위가 있는 곳이래.
- 좋아요, 그쪽으로 가봅시다.

일정은 촛대 바위를 구경한 후 삼척 근교의 대이리에서 묵는 것으로 수정되었다.

촛대 바위를 다녀간 흔적

1990년대 초반에 출간된 『사라져가는 오지 마을을 찾아서』에 따르면 대이리는 강원도의 대표적인 오지 마을로 너와집이 남아 있다고 했다. 이번 여행의 목적은 오지 마을에서 하룻밤을 보내는 것이었지만, 개발과 함께 도로 비율이 점점 상승세를 타면서 오지 마을을 찾기란 쉽지 않았다. 오지로 알려진 마을도 막상 도착해보면 오지가 아니었던 것이다.

우리가 찾는 곳은 차도에서 멀찌감치 떨어진 외딴 마을이었다. 사람이 찾아오는 것만으로도 반가워하는 그런 마을. 오지 마을에서 주민들을 만나 함께 식사를 하고 잠을 청하는 것이 우리가 어렴풋이 그린 이번 여행의 모습이었다.

백봉령을 내려가 추암 해수욕장에 도착하자 마을 입구에서부터 오징어가 줄에 매달려 있었다. 오징어를 말리며 오징어를 구워 팔고 계시는 아주머니에게 물었다.

- 촛대 바위 가는 길이 어떻게 되죠?
- 이쪽으로 가면 돼요. 오징어도 좀 사가세요.

왼쪽으로 난 좁은 길을 걸어가자 정자亭子가 나왔고, 정자를 지나 좀 더 걷자 '동해물과 백두산이 마르고 닳도록~' 애국가가 울려 퍼질 것만 같은 풍경이 나타났다. 촛대 바위는 코끼리 바위가 정말 코끼리처럼 보이고, 거북이 바위가 정말 거북이처럼 보이듯이 정말 촛대 같았다. 수평선 위로 떠오른 아침 해가 바위 꼭대기에 걸리면 정말 바다에서 솟은 거대한 초처럼 보인다고 했다.

사진을 찍느라고 어수선한 포토 포인트를 벗어나자 '남한산성에서 정동방은 이곳 추암 해수욕장입니다' 라는 큼지막한 머릿돌이 눈에 들어왔다. 아마도 서울의 정동방이 정동진이라고 홍보하고 있는 것을 본뜬 듯했다.

그 머릿돌의 문구를 작성한 지방자치단체 사람들에게는 미안한 일이지만, 나는 그 머릿돌의 문구가 관광객을 불러 모으는 효과를 발휘하지 않기를 바랐다. 10여 년 전 정동진을 다녀갔다가 오늘의 정동진을 보게 된 사람들은 내 심정을 이해할 수 있으리라.

ⓒ 김건훈

동해물과 백두산이 마르고 닳도록

발길을 돌려 전망대를 오르자 그곳엔 전국의 어느 명승지나 다 그러하듯 '누구누구 왔다 가다'라는 낙서로 가득했다. 사실 이런 방명록은 전 세계 어느 곳에서나 마찬가지다. 프라하의 화약탑 꼭대기에도 마이클과 줄리엣, 무하마드와 세헤라자데, 히로키와 토모코, 탕샤오팡과 티엔티엔 등등 전 세계 곳곳에서 온 수많은 아담과 이브가 남긴 '누구누구 왔다 가다'로 가득했다. 물론 그곳에서 수많은 한글 이름들도 보았다. 뒤돌아보면 돌이 되거나 소금기둥이 되는 이야기가 전 세계 곳곳에 산재하고 있듯이, 전 세계 명승지 어디에서나 발견할 수 있는 문장이 '누구누구 왔다 가다'인 것이다.

'왔다 가다'란 표지를 남기고 싶어 하는 건 인류의 근원적인 욕망이었다. 그 욕망이 의식적 차원으로 발현된 것들이 인류의 문화가 되었고, 예술이 되었으며, 호전주의자들의 경우엔 자신이 '왔다 간' 흔적을 남기기 위해 정복 전쟁을 일으켜 '왔던' 사람들을 한순간에 '가게' 만들기도 했다.

그리고 '왔다 가다'란 표지를 남기고 싶은 욕망이 가장 근원적으로 발현되는 것이 바로 아버지가 되거나 어머니가 되는 것. 자손이란 '왔다 가다'의 가장 확실한 표지였다. 전쟁이란 이름의 느닷없는 싹쓸이표 페인트가 흔적을 덮어버리지 않는 한, 세대를 거듭하며 영원히 지워지지 않을 '왔다 가다'의 표지.

전망대 위엔 바람이 많이 불었다. 바람은 어떤 흔적도 남기지 않은 채 하얀 벽에 새겨져 있는 숱한 '왔다 가다'를 그저 스쳐 지나갔다.

나 역시 왔다 간 어떤 표지도 남기지 않은 채 바람처럼 자리를 떠났다.

진정한 오지 마을은 어디인가

추암 해변의 모래가 너무 고와, 나는 신발과 양말을 벗고 맨발로 해변을 걸었다. 해질 무렵의 모래가 금세 발의 온기를 빼앗아갔지만 차갑고 보드라운 모래의 감촉이 너무 좋았다. 푸른 스물에 나는 이런 농을 하곤 했었지.

- 난 차갑고 보드라운 게 너무 좋아. 난 말이야, 애인이 생기면 항상 찬물로 목욕을 시킬 거야!
- 변태 같으니라고!

겨울 아침에도 찬물에 세수를 하는 게 좋았고, 오리털 파카나 겨울 외투도 없이 달랑 스웨터 하나만 입고 다니곤 했다. 그럴 때면 벗들이 춥지 않냐고 물었다.

추위를 이기려고 몸을 움츠리면 추운데,
바람이 스웨터 올 사이로 들어와
내 몸을 훑고 지나가는 느낌을 즐기면
춥지 않아.

푸른 스물의 겨울엔 그렇게 입고 다니면서도 감기 한 번 걸리지 않았다. 즐기는 마음이 감기를 이겨낸 것이다. 정말 한창 때의 얘기다.

맨발을 차갑고 보드라운 해변의 살갗에 부비며 해변의 북쪽 끝에서 남쪽 끝까지 걸었다. 남쪽 끝엔 언덕이 있었는데 정상에서 보는 경치가 무척 아름다울 듯했다. 그러나 바닷가의 경치 좋은 곳은 언제나 '출입금지'로 둘러쳐진 군부대 초소가 차지하고 있고 애국가의 배경이 되는 곳이라고 해서 예외는 아니었다.

L형은 추암 해수욕장 입구에서 길을 안내해준 아주머니로부터 오징어 한 축을 샀다. 사라진 오지들 때문에 형수가 예상하고 있던 일정보다 우리의 여행 일정은 더 늘어날 것 같았다. 동해의 오징어는 비난을 모면하기 위한 뇌물인 셈이다.

해가 저물기 시작했고 슬슬 대이리로 떠날 시점이었다. 다시 시동을 걸었다.

대이리는 조선시대 재난을 피해 산으로 들어간 경주 이씨들이 만든 마을이었다. 그 후 그들은 대대로 그곳에서 너와집을 짓고 화전을 일구며 살았다. 예전에 본 책에서 흑백 사진으로 너와집이 있는 풍경을 미리 볼 수 있었다.

경주 이 씨의 자손인 L형은 사람의 발길도 좀처럼 닿지 않는 산으로 들어가 바깥세상으로 나오지 않고 있는 집안 어른들의 내력이 궁금하기도 한 모양이었다. 그러나 이번에도 오지 마을은 없었다. 더 이상 승용차로는 오를 수 없는 길의 끝에서 우리는 사진 속에서 보았던 너와집을 만났다. 그러나 대로에서 100m도 떨어지지 않은 곳이었다.

너와집은 이제는 국민 관광지로 유명해진 '환선 동굴' 입구에서 살짝 옆으로 비껴난 채 서 있었다. 환선 동굴이 국민 관광지로 개발되면서 오지의 자취는 말끔히 사라진 것이었다. 물론 너와집에는 사진 속에서 본 이 씨 할아버지가 군불을 때며 살고 계셨지만 말이다.

할아버지는 이제 귀가 먹어서 L형이 하는 말소리를 잘 알아듣지 못했다. 할머니께서는 할아버지가 동문서답을 하시면 핀잔을 주며 수줍게 웃곤 했다.

– 뭐? 전주 이 씨라고? 젊은 사람들이 이런 데는 왜 찾아와? 젊은 사람들은 도시로 나가 살아야 돼. 이런 골짜기에서 살면 가난해!

할머니께서 군불 피우는 것을 도와드린 후, 우리는 L형의 먼 친척뻘 되는 어른께서 운영하는 음식점으로 가서 산채 비빔밥을 주문했다.

– 여기 사람들이 많이 오나요?

- 하루에 보통 3,000~4,000명씩 와.

- 아니, 그렇게 많이 와요?

- 중학교, 고등학교, 그렇게 학생들이 많이 와. 어떨 때는 하루에 만 명도 넘게 와.

에어컨, 위성안테나, 양변기가 우리에게 다시 길을 떠나라고 부추기기 시작했다. 지난밤 싸리재(1268m) 고갯마루에서 자고 일어나 아침에 다시 운전대를 잡은 지 12시간이 다 되어 간다. 여기서 숙박을 할 것인지, 아니면 또 다른 오지 마을을 찾아 길을 떠날 것인지 망설였다. 하지만 잠들기엔 아직도 이르다. 도대체 오지 마을은 어디에 있는 걸까?

새마을운동과 석회의 대량 생산으로 '초가집도 없애고 마을 길도 넓히고', 그렇게 네모난 콘크리트 집을 짓고 반듯한 도로를 낸 지 30여 년. '오지'로 들어가 외따로 사는 개인은 더러 있다. 그러나 이 땅에서 '오지 마을'을 찾는 건 이제 대도시 한복판에서 반딧불이를 찾아내려는 것처럼 어려웠다.

강원도 삼척시 도계읍 대이리를 떠나 더 캄캄한 경북 봉화로 내려가자. 그곳에서라면 반딧불이처럼 캄캄한 산중에 희미한 불빛으로 반짝이는 오지 마을을 찾을 수 있을지도 모르겠다. 그러려면 도계를 지나 철암으로, 석포를 지나가야 한다.

태백에서 발원한 낙동강을 따라 아래로, 아래로 내려가는 길. 경북 봉화의 오지 마을. 승부承富에서
　　　　　승부勝負를 보고야 말리라!

오지여, 어디 있느가-3

ⓒ윤재찬

초현실과 3억 년의 고독을 지나 승부를 보시겠습니까?

환선동굴 앞에서 U턴을 한 우리는 세인트 토머스의 「A Nice Bottle of Wine」을 틀어놓고 산을 거슬러 내려오고 있었다. 경상북도 봉화, 승부 마을을 가기 위해서는 다시 강원도의 첩첩산중을 지나야 한다.

지난밤처럼 다시 가로등 하나 없이 굽이굽이 구불거리는 오르막과 내리막이 펼쳐지기 시작했다. 좀처럼 지나가는 차량이 없어 우리가 멈춰서는 모든 지점이 오지가 될 것만 같은 그런 령과 재들 말이다. 나는 이제 S자 코스의 대가大家가 되어가고 있었다.

도계를 지나 427번 지방도로의 또 다른 고갯마루를 넘을 때였던가? 번득 '미인 폭포/혜성사'를 가리키는 이정표가 눈길을 잡아끌었다. 끼이익-.

- L형, 절에서 하룻밤 자는 건 어떨까?
- 괜찮긴 한데, 재워줄까?
- 일단 한번 부탁을 해보죠. 아니면 되돌아 나오고.

그러나 미인 폭포도 혜성사도 차를 몰고 들어갈 수 있는 곳이 아니었다. 그날 밤, 무엇이 우리를 캄캄한 협곡을 따라 난 가파른 소로小路로 이끌었는지 모르겠다. 사람 하나 간신히 지나갈 정도로 좁은 산길은 여인네의 치맛자락을 따라 내려가듯 가팔랐고, 손전등은 달랑 하나밖에 없었다.

L형이 뒤를 따르며 발아래를 비추면 나는 발밑에서 움직이는 빛의 징검다리를 밟으며 산길을 내려갔다. 불규칙적으로 경사진 산길인 탓에 서로 속도를 맞추기가 쉽지 않았고, 손전등의 방향이 살짝이라도 비껴가면 발아래가 보이지 않았다.

한참을 그렇게 내려가자 어디선가 물 떨어지는 소리가 들려오기 시작했다. 미인 폭포가 우는 소리이리라. 나중엔 안 일이지만, 혜성사를 지나 협곡으로 들어가면 한국판 그랜드 캐년 Grand Canyon 이 한눈에 들어온다고 했다. 중생대 백악기(1억 3,500만 년 전부터 6,500만 년 전)에 만들어진 퇴적암층이 300m가량 깎여 내려간 협곡과 폭포. 미인 폭포에는 이런 전설이 전해 오고 있었다.

옛날 이곳에 아름다운 여인(美人)이 살았는데, 자신의 아름다움에 도취되어 신랑감을 찾지 못하고 세월을 보내다 이상형의 청년을 만나게 되었다. 그러나 그녀는 청혼을 거절당했고, 무심코 물속을 들여다본 여인은 이미 자신이 늙어버렸다는 것을 그제야 알게 되었다. 상심한 여인은 치마를 뒤집어쓰고 폭포에서 뛰어내렸고, 그 후 이 폭포를 미인폭포라 부르게 되었다고 한다.

가도 가도 혜성사의 모습은 보이지 않고 산 아래 읍내의 불빛 몇 개만이 숲 사이로 아득히 내려다보일 뿐이었다. 어쩌면 혜성사는 저 아래 마을에 있는 절이 아니었을까? 이런 산길을 따라 대체 몇 백 m를 더 내려가야 하는 걸까? 게다가 협곡의 소로를 가득 채우고 있는 이 음침한 기운은 또 무엇일까?

의심과 불안이 일었다. 그러나 내 마음 한편에는 두려움보다 더 강렬한 희열이 번져가고 있었다. 그건 뭐랄까, 한 번도 경험하지 않은 길을 체험하는 데서 오는 어떤 희열 같은 것이었다.

다행히 내리막의 끝에서 다리를 건너가자 빼곡한 나무들 사이로 불빛이 보였다. '저기가 혜성사구나!' 그러나 혜성사는 사찰의 규모를 갖추고 있는 그런 절이 아니었다. 그저 마당이 있는 한 채의 가옥이라고 할까? 이렇게 가파르고 음기가 가득한 장소에 어떻게 절을 세울 생각을 했을까?

- 재워줄까?

- 캄캄한 밤에 저렇게 험한 산길을 내려왔는데 설마 내치기야 할까요?

그러나 내쳤다. 방 안에서 텔레비전을 보고 계시던 스님은 하룻밤 잠자리를 부탁하는 우리들에게 여기는 절이 아니라 수도하는 장소니 일반인들이 잘 데가 없다는 말로 간단히 내쳤다.

- R, 너 같으면 어떻게 했겠어?
- 나라면 당연히 재워주죠. 한밤에 저 위험한 길을 걸어 내려왔는데…….

다시 산길을 올라가야 했다. 이미 지나온 길이라 마음은 편했지만 내려올 때와는 반대로 이젠 오르막길인지라 몸은 더 고단하고 힘들었다.
차를 세워둔 곳으로 돌아왔을 때는 이미 수백 번 헉헉거리는 숨을 토한 뒤였고, 속옷은 흠뻑 젖어 있었다. 그래, 오늘은 승부 마을에서 승부를 봐야 할 운명인가 보다.

현실에 존재하는 초현실의 형상

'미인 폭포/혜성사' 이정표가 있던 곳으로 돌아와 다시 재를 내려갔다. 경사가 완만해지고 나서 얼마나 더 달렸던 걸까? 어둠 저편 전방에 거대한 물체가 나타났다. 살바도르 달리의 「나르시스의 변모」를 연상시키는 초현실주의적 형상. 거대한 물체는 색깔을 끊임없이 바꾸면서 기이한 형상으로 변모하고 있었다. 도대체 저건 뭘까?

차오르는 호기심에도 불구하고 가속 페달을 밟을 수가 없었다. 높이 수십 m에 달하는 물체는 좀처럼 가까이 다가서기가 두려운 형상을 하고 있었기 때문이었다.

천천히 속도를 줄이며 다가가자 윤곽이 드러났다. 그 물체는 거대한 암석으로 이루어진 굴이었다. 왼쪽 구멍으로는 차량이 지나가고, 오른쪽 구멍으로는 강물이 흐르는 구문소求門沼. 시간 경과에 따라 변하는 조명이 기이한 굴의 형상과 어우러져 초현실주의적인 풍경을 만들어내고 있었던 것이다.

밝은 조명 아래에서도 소沼의 깊이는 가늠할 수 없을 정도로 깊어 보였고 어둡고 섬뜩한 느낌이 다족류의 화석처럼 뇌리에 달라붙었다. 그건 태고의 흔적에서 전해오는 엄청난 무게감 혹은 깊이에서 연유하는 것이었다.

구문소求門沼 : 고생대, 적도 근처의 해변에는 삼엽충을 비롯한 고생물들이 크게 번성하고 있었다. 세월이 흐르면서 퇴적된 암층들은 북쪽으로 이동하기 시작하여 이곳에 이르러 높은 산을 이루었는데 바위 곳곳에 5억 년의 지구 역사가 그대로 기록되어 있다. 높이 20~30m, 넓이 30m 정도인 구문소는 약 1억 5,000만 년에서 3억 년 전 사이에 생성되었는데 강물이 산을 뚫고 지나간 도강산맥渡江山脈이라는 지형을 갖춘 곳으로 세계에서도 그 유형을 찾기 힘든 기이한 곳이다.

3억 년 전. 도무지 가늠해볼 수 없는 시간이었다. 『백 년 동안의 고독』이란 책도 읽었고, 문학을 하려거든 지나온 천 년 동안의 문학을 알아야 한다는 마르케스와의 인터뷰도 들었고, 사랑에 유통기한이 있다면 '내 사랑은 만 년으로 하고 싶다'는 영화도 보았고, 『공룡 백만 년 전 똘이』란 애니메이션도 보았지만, 세상에 3억 년 전이라니! 유년시절의 공상과학만화까지 거슬러 올라가도 도무지 가늠할 수가 없는 시간대였다. 우리는 3억 년의 시간이 만들어내는 초현실적 지층 속에서 한동안을 머물다 다시 길을 떠났다.

철암에 이르자 탄광촌의 풍경이 나타나기 시작했다. 불 꺼진 건물들과 광업소 앞을 지나 뒤엉킨 삶의 궤적처럼 이리저리 구부러지는 철길들, 쌓여 있는 탄들. 그나마 석탄 시대의 역

ⓒ 강혁신

사가 남아있는 인구 4,500명의 마을이지만, 그나마 남아 있던 사람들도 하나 둘 떠나가고, 폐가가 된 집도 서서히 무너지고, 저승꽃 핀 노인처럼 하루하루 졸아들기만 하는 탄광촌.

철로 변에 차를 세우고 어둠 속에 불 밝히고 있는 광업소를 바라보았다. 땡, 땡, 땡, 땡, 소리치며 철길 차단목이 내려오고, 덜컹, 덜컹, 덜컹 소리를 내며 석탄 실은 화차가 어둠을 가르며 지나갔다. 화차가 사라지고 나자 다시 스산한 풍경이 모습을 드러냈다. 술 한잔이 생각나는 그런 풍경이었다. 오지인 승부 마을로 내려가면 술을 살 수도 없겠지.

우리는 미리 캔맥주를 샀다. 이제 승부가 멀지 않았다. 조금만 더 낙동강을 따라 내려가면 석포고, 거기서 낙동강을 왼쪽에 끼고 막다른 곳까지 내려가면 승부 마을인 것이다.

길이 끊어지는 곳에서 잠들다

철암을 떠나 고갯길로 접어들었고, 머지않아 또다시 또 다른 모습의 그로테스크한 풍경에 직면했다. 이처럼 외진 산골짜기에 이렇게 거대한 공장이 연기를 뿜어내고 있다니. 석포 제련소였다.

밤하늘을 향해 검고 흰 연기를 하염없이 뿜어대는 거대한 굴뚝과 엄청난 굵기의 파이프들을 보자 두려움이 일기 시작했다. 그건 한밤에 직면한 초현실주의적인 풍경 앞에서 느꼈던 두려움과는 차원이 전혀 다른 두려움이었다. 마치 현실의 풍경이 아닌 듯, 있지 말아야 할 것이 있지 말아야 할 곳에 번연히 존재하는 데서 오는 그런 공포였다. 순간적으로 정신적인 공황이 찾아왔다.

나는 운전대를 잡고 잠시 심호흡을 했다. 『지옥의 묵시록 Apocalypse Now』의 한 장면이 떠올랐다. 베트남 어두운 밀림 속을 지나가다 만난 몽환의 페스티벌처럼, 갑작스레 대낮처럼 환한 공장 불빛과 뾰족하고 거대한 굴뚝, 굵은 파이프가 상징하는 고도 산업사회의 풍경이 느닷없이 등장하자 공포가 엄습했다.

낙동강은 마치 달팽이가 날 선 면도날 위를 지나가듯 제련소 앞을 흐르고 있었다. 이곳을 지나간 물속엔 물고기가 살지 않으리라. 설령 물고기가 산다고 할지라도 등 굽은 기형들이겠지.

우리는 제련소 옆을 지나 낙동강으로 접어들었다. 드디어 경북의 오지로 들어선 것이다. 중금속으로 잔뜩 배를 채운 강은 깎아지른 산과 산 사이의 계곡을 따라 남쪽으로 흐르고 있었고, 우리는 비탈길로 이어지는 도로를 따라 강과 함께 흘러가고 있었다. 협곡 사이로 내려앉은 달이 은화처럼 반짝거렸다. 얼마나 더 내려가야 할까? 새벽 1시 30분. 나는 지쳐가고 있었다.

찬 공기로 졸음을 걷어내며 어둠 속을 달리기를 10여분, 마무리를 알리는 이정표가 나타났다. 그렇다면 결둔을 지났다는 것이고 이미 승부의 초입에 들어섰다는 것이다. 다시 힘이 불끈 솟았다. 그래, 승부에서 승부를 보고 말리라!

이어 암기동이 나왔고 그렇게 줄기차게 달려 '범죄 없는 마을'이라는 간판 앞에 도착했다. 경상북도 봉화 승부, 하승부에 도착한 것이다. 그때 시각 새벽 2시. 우리는 승부역을 찾았다. 승부 마을엔 남한에서 가장 외진 곳에 자리한 간이역이 있다고 했다. 역이라면 역 앞 공터가 있을 테고 그 앞에 주차를 하면 되겠지.

길을 내려가자 길은 비포장으로 깊이 패이며 끊어져 있었다. 길이 끊어지는 곳, 오지였다.

역사驛舍는 보이지 않았다. 새벽 2시에 누군가를 깨워 하룻밤 재워달라고 청할 수도 없는 노릇이었으므로, 마을의 밭 한가운데 차를 세운 뒤 시동을 끄고 주위를 둘러보았다. 경사진 밭의 윗목, 건너편으로 산등성이가 길게 이어지며 흘러가고 있었다.

L형과 나는 철암에서 사온 캔맥주를 꺼냈다. 드디어 승부 마을에서 승부를 본 것이다. 차창으로 빠져나간 담배 연기가 밤하늘로 넘어가고, 달이 산을 넘어가고, 우리는 맥주를 비운 후 잠 속으로 넘어갔다. 낯선 오지 마을에서의 참으로 깊고 단 잠이었다.

오지여, 어디 있는가 4

ⓒ이현우

내 우상의 무덤으로 가는 길

먼 곳에서 수탉이 울었다. 가까운 곳에선 밭으로 일 나가는 사람들의 말소리가 두런두런 들렸다. 아침이었다. 침낭을 걷고 일어나 기지개를 켜자, 간밤의 오랜 운전으로 인해 욱신거리던 피로가 마른 딱지처럼 후드득 떨어져 내렸다. L형과 나는 승부역으로 내려갔다.

승부역은 낙동강 건너편에 협곡을 등지고 있었다. 우리는 출렁다리를 건너야 했다. 폭 2m 정도의 출렁 다리는 놀이공원에나 있을 법하게 알록달록 칠해져 있었고, 건조된 지 오래되지 않아서인지 깨끗했다. 웰컴 투 승부 랜드! 금속성 로프로 지탱되는 출렁 다리는 가운데 지점을 지나가자 가볍게 흔들리기 시작했고, 발아래로 낙동강이 흘러가고 있었다.

'하늘도 세 평, 꽃밭도 세 평'이라는 승부역은 남한에서 가장 외진 첩첩산중에 있는 간이역이니만큼 기차를 기다리는 승객 한 명 없이 한적했다. 플랫폼 위에 세워진 한 평 반짜리 대합실에는 열차 시간표와 1998년 이후 철도청이 운행하고 있는 환상선 눈꽃열차 사진이 붙어 있었다. 상행, 하행 각각 하루 2번 기차가 지나가는구나.

눈 내리던 겨울에 찍은 사진 속 풍경은 참 아름다웠다. 마치 가와바타 야스나리의 『설국雪國』의 첫 문장처럼.

국경의 긴 터널을 빠져나가자, 설국雪國이었다. 밤의 밑바닥이 하얘진 듯했다. 신호소信號所에 기차가 멎었다.

겨울이면 환상선 눈꽃열차의 승객들은 유리창에 머리를 맞대고 눈발이 날리는 협곡을 지나 승부역에 도착하겠지. 그리고 마을 사람들이 준비한 포장마차에서 삼겹살을 구워 먹으며 소주 한잔을 걸치겠지. 나는 입맛을 다시며 한겨울 풍경을 머릿속으로 그렸다.

다시 차로 돌아와 낙동강을 내려다보며 배를 깎아 먹었다. 아삭아삭 과즙이 가득한 배 맛이 참 좋았다.

배 껍질이 툭툭 떨어지는 발치에 찢어진 기차표가 떨어져 있었다. 그 조각들을 이어 붙여보았다. 08월 14일 3호 열차 13번, 14번. 두 사람이 나란히 앉은 좌석표였다. 무슨 이유에선지 나는 그 두 장의 기차표가 연상의 여자와 젊은 사내의 기차표였으리라는 상상이 들었다. 왜 그렇게 생각했는지는 모를 일이다. 그리고 잠시 찢어진 기차표가 실마리가 되는 어떤 추리소설에 대해서도 생각했던 것 같다.

> R은 경상북도 오지의 '범죄 없는 마을'에서 발생한 최초의 범죄 사건을 수사하기 위해 간이역에 도착한다. 별 대수롭지 않은 사건이겠지. 기차에서 내리며 담배 한 대를 문다. 그리고 마을 초입의 수풀에 담배꽁초를 버리는 순간, 날씨가 건조한 가을이니만큼 어쩌면 꽁초 하나가 온 산을 다 태울지도 모른다는 걱정을 한다. 다시 불씨를 확인하다가 마른 덤불 사이에 떨어져 있는 찢어진 기차표를 줍는다. 쉽게 해결되리라 여겼던 사건은 마치 느와르 영화 『차이나타운Chinatown』처럼 점점 복잡 미묘하게 꼬여만 간다. 그러다 임시 숙소로 지내는 마을회관에서 무심결에 맞춰보던 찢어진 기차표로 인해 사건의 실마리가 잡히는데……. R은 찢어진 기차표로 사건의 전모를 파헤칠 수 있을까?

제목은 『경마장으로 가는 기차』. 문득 하일지(『경마장으로 가는 길』을 쓴 소설가)가 요즘 무엇을 하고 있을까 궁금해졌다.

그러나 경마장으로 가는 기차에 올라타기 전에 동강의 오지, 연포 마을에 어떻게 가야 할지를 고민하는 것이 우리들이 먼저 풀어야 할 숙제였다. 이번 여행의 첫날, 우리는 강원도 산골의 어둠이 잔뜩 꼬아놓은 갈림길에서 헤매다가 결국 연포 마을로 들어가는 입구를 찾아내지 못했던 것이다. 해가 지기 전에 신동에 도착할 수 있다면 연포 마을로 들어서는 길도 찾아낼 수 있겠지. 시동을 걸었다.

송사리 같은, 조약돌 같은 아이들

시골길에서는 언제나 그렇듯이 낮 풍경과 밤 풍경의 느낌이 전혀 다르다. 아니, 다르다기보다는 '볼 수 없다'와 '볼 수 있다'로 극명하게 갈라진다.

낙동강을 거슬러 다시 석포로 가는 길, 지난밤 어둠 때문에 조망할 수 없었던 협곡의 풍경이 절경이다. 이젠 열목어나 산천어가 살지 않는다는 사실에 맘 한구석이 저려올 만큼.

석포에서 현동으로, 현동에서 다시 춘양으로, 춘양에서 옥동으로 향했다. 왔던 길을 다시 거슬러 태백까지 올라간 후 신동으로 향할 수도 있었지만, 우리는 언제나 새로 만나는 길과 그 길 위의 풍경을 사랑했다. 하여 지도 위에서 연포 마을로 가는 또 다른 경로를 찾아낸 것이다.

도 경계를 지나 강원도로 들어서서 처음 만난 마을이 옥동이었는데, 마을의 오른쪽에 하얀 스틸 하우스로 지어진 자그마한 초등학교가 있었다. 옥동 초등학교 조제분교. 운동장에는 올망졸망 송사리 같은 사내아이들이 뛰어논다.

- 니네들은 수업 안 하니?
- 지금 점심시간이래요.

ⓒ 강혜리

- 학생이 몇 명이니?
- 여덟 명이래요.
- 화장실이 어디에 있지?
- 저기, 여자 애들 옆으로 돌아가면 돼요.

하얀 조약돌 같은 여자 아이들이 수돗가에 옹기종기 모여서 양치질을 준비하고 있었다.

- 안녕! 화장실이 어디니?

- 저기래요. 근데 아저씨는 우리 학교에 왜 왔어요?
- 응. 이 학교에서 누가 젤 예쁜지 알아보라고 해서 왔어! 넌 몇 학년이니?
- 4학년이요.
- 넌?
- 5학년이요.

부끄러운 듯 얼굴을 붉히면서도 생글생글 웃으며 대답하는 아이들이 참 예뻤다. 교실에선 모차르트가 흘러나오고 있었고, 창문을 통해 교실 안을 들여다보니 둥글게 모아놓은 책상들과 한편에 놓여 있는 컴퓨터가 눈에 들어왔다. 참 깔끔하고 예쁜 학교라는 생각이 들었다.

아이들에게 손을 흔들고 정문을 빠져 나와 길을 달리는 내내 마을 전체가 초등학교 분교 운동장인 양 기분이 유쾌했다. 마을을 지나가는 도로는 창밖으로 손 내밀고 바람을 맞으며 달리기에 참 좋고 한적했다. 게다가 오른쪽으로 모습을 드러내기 시작한 강변의 단아한 풍경도.

길을 달리는 내내 강이 조용히 따라왔고 술 한잔이 자꾸만 떠올랐다. 그 때, 김병연을 만났다. 길의 왼편으로 '김삿갓 묘 가는 길'이 나타난 것이다.

- 저기 한번 들렀다 가죠.
- 그러자.

　　김병연. 김삿갓으로 익히 알려져 있는 그는 십 대 시절 나의 우상이었다. 이순신이나 에디슨이라든가, 고흐나 피카소라든가, 톰 크루즈나 소피 마르소라든가, 커트 코베인이나 오지 오즈번이라든가, 이상이나 알베르 카뮈라면 납득이 가지만, 김삿갓이 열네 살 소년의 우상이었다니! 그러나, 정말 그랬다.

우상에 대한 희미한 기억

　　중학교 시절의 국어 시간, 담임선생님께선 정비석의 수필을 가르치면서 그가 쓴 몇 편의 대중소설들에 관한 이야기를 했고, 그러던 중 언급한 소설이 『김삿갓』이었다. 그녀는 "우리 반에 김삿갓을 떠올리게 하는 학생이 있는데 누굴까?" 하고 질문을 던졌다가 잠시 뜸을 들인 후 그 학생이 'R'이라고 말했다. 그녀는 정확한 이유는 알 수 없지만 나와 김삿갓이 닮은 느낌이 든다고 했다. 어렴풋이 김삿갓에 대해서는 알고 있었지만 내가 그를 닮았다는 소리를 듣고 나자 나는 그가 어떤 인물인지 더욱 궁금해졌다. 김삿갓에 관련된 자료를 찾았다.

호는 난고蘭皐, 본명은 김병연金炳淵. 선천 방어사였던 조부가 홍경래의 난 때 투항한 죄로 집안이 멸족했다. 당시 여섯 살이던 그는 하인의 도움으로 황해도로 피신해 살았는데 후일 멸족에서 폐족으로 사면된 후 강원도 영월에 정착했다.

스무 살이 되던 해, 그는 백일장에 응시하여 장원을 했고 집으로 돌아와 어머니에게 자랑스레 이 같은 소식을 전한다. 그러나 이야기를 듣고 있던 모친은 눈물을 흘리며 그가 질타 (너의 혼은 죽어서 저승에도 못 갈 것이니/지하에도 선왕들께서 계시기 때문이라/이제 임금의 은혜를 저버리고 육친을 버렸으니/한 번 죽음은 가볍고 만 번 죽어야 마땅하리)한 선천 방어사 김익순이 그의 조부라는 것을 알려준다. 그 후 그는 조상을 욕되게 했다는 자책과 폐족에 대한 비탄으로 스스로 죄인이기를 청하여, 평생 삿갓을 쓰고 전국 산천을 유랑하며 발걸음이 미치는 곳마다 수많은 즉흥시를 남겼다.

겨울 소나무 외로운 주막에
한가롭게 누웠으니 별세상 사람일세.
산골짝 가까이 구름과 같이 노닐고
개울가에서 산새와 이웃하네.
하찮은 세상 일로 어찌 내 뜻을 거칠게 하랴.
시와 술로써 내 몸을 즐겁게 하리.
달이 뜨면 옛 생각도 하며
유유히 단꿈을 자주 꾸리라.

– 김병연의 「스스로 읊다」 전문

열네 살 소년의 무엇이 담임선생님으로 하여금 김삿갓을 떠올리게 했는지는 알 수 없지만, 그 일이 계기가 되어 찾아본 김삿갓이 내 마음을 순식간에 매료시켰던 것은 사실이다. 드라마틱한 방랑의 출발점이, 가식적인 양반이나 잰 체하는 인간들을 조롱하는 그의 익살맞거나 풍자적인 시가, 그리고 평생에 걸친 그의 방랑이. 김병연을 알게 된 후 그는 나의 십 대 시절 우상이 되었다. 그리고 그에 대한 동경이 언제, 어떻게 희미해졌는지는 뚜렷하지 않다.

내가 그를 다시 만난 것은 1990년대 초, 이문열이 『시인詩人』이라는 소설을 들고 나왔을 때였다. 그는 『시인』에서 김병연과 둘째 아들 익균의 이야기를 다루고 있었다.

왜 김병연이었을까? 젊은 날, 그의 문학과 방랑이 김삿갓의 삶에 잇닿아 있었기 때문일까? 아니면 조부를 조롱했던 김병연처럼, 그가 자신의 아버지가 찾아간 맑시즘을 부정하고 조롱함으로써 가졌던 정치적 판단과 핏줄에 대한 갈등이 김병연과 어떤 공범 의식을 갖게 했기 때문일까? 혹은 월북한 아버지를 찾고자 했던 자신처럼, 부친을 찾으려고 떠돌던 둘째 아들 익균과의 어떤 동류의식 때문이었을까?

아니, 그가 그 작품을 쓴 이유는 이 모두일 것이다. 김병연이란 이문열의 삶과 정치, 그리고 가족사가 모두 함축된 인물이었던 것이다.

그 후 이문열은 또다시 시인이 등장하는 소설 『시인과 도둑』을 발표했는데, 그 소설은 참여문학과 민중가요는 민중들의 저항 욕구를 사전에 해소시킴으로써 혁명에 오히려 장애가 된다고 이야기하고 있었다. 이는 당시 문화판에서 헤게모니를 장악해가고 있던 진보 세력에 대한 반감을 비유적으로 드러낸, 실존했던 김병연과는 무관한 소설이었다. 그리고 『시인과 도둑』을 끝으로 이문열도, 김병연도 내 곁에서 멀어져갔다.

나는 다시 김병연을 만났다. 그가 일찍이 '무릉계'라고 부르던 와석리 계곡 안쪽에 자리한 무덤 앞에서. 시선 난고 김병연지묘 詩仙 蘭皐 金炳淵之墓. 쉰일곱의 나이로 전라도 동복에서 객사한 시신을 둘째 아들 익균이 옮겨와 묻었다지.

무덤은 아무런 말이 없었다. 나는 그에게 올릴 술 한 병 사오지 않은 것이 후회되었다.

우리는 다시 길을 떠났다. 길의 어디쯤에선가 그를 추억하며 술 한잔 들이킬 곳이 있으리라.

벗이여, 행복한 여행길이길!

오지여, 어디 있는가 5

ⓒ 김진용

두부김치에 막걸리 한 사발 걸치면 좋으련만! 김병연의 묘에서 걸어 내려오며 자꾸만 술 생각이 났다. '김삿갓 유적지' 앞에서 노점을 하는 사내는 오늘 마침 막걸리를 가지고 나오지 않았다며 건너편의 주점들을 가리켰다. 그러나 주점 안으로 들어가 술을 마시고 싶지는 않았다. 대신 안주와 술을 사다가 강변에 퍼질러 앉아 느릿느릿 흘러가는 강을 내려다보며 한잔 하고 싶은 생각이 간절했다.

어딘가 막걸리와 두부김치 파는 곳이 있겠지. 시동을 걸었다.

경북 영월 와석리 계곡을 따라 맑은 물이 흐르고 햇살은 따스하여, 좌우로 굽어지는 길을 운전하는 기분은 마치 햇빛에 반짝이는 무지개 송어의 미끈한 몸통을 쓰다듬는 듯한 느낌이었다. 무지개 송어는 『흐르는 강물처럼 A River Runs Through It』 OST 중 「Bye bye black bird」를 틀어주자 지느러미를 흔들며 수면 위로 뛰어 오르기까지 했고, 나는 허밍으로 그녀의 노래를 따라 불렀다.

내 모든 근심과 비애를 끝내고
Pack up all my care and woe

여기 내가 가요, 낮게 노래 부르며
Here I go, singing low

검은 새여, 안녕
Bye bye black bird

김삿갓 계곡 초입에 있었던 간이매점에 차를 세우고 담배를 사러 들어갔을 때, 와우 이렇게 딱 들어맞을 수가! 가게 냉장고에는 막걸리가 들어 있었고 주방에서는 두부김치를 판다. 아주머니에게 부탁해 따끈한 두부김치를 포장해 담고 다시 출발했다. 이제 적당한 강변만 찾으면 된다. 어린애처럼 신이 나기 시작했다.

술과 안주를 가지고 도착한 곳은 고씨동굴로 건너가는 다리 아래 남한강변이었다. 강은 차가워 보였고 하얀 막걸리 역시 차가웠다. 그리고 김이 모락모락 나는 두부김치는 햇살처럼 따끈했다. 게다가 왜 그렇게 또 맛있던지.

한잔, 두잔……. 등 뒤로는 패키지 코스로 래프팅하러 온 사람들의 함성 소리가 들리고, 패키지여행 코스 중 하나로 고씨동굴로 난 다리를 건너는 관광객들의 모습이 보였다. 그 모습들을 물끄러미 바라보며 술을 마시던 내가 말했다.

— L형, 사람들은 지구라는 별에 패키지여행 온 거 같지 않아?
— 응? 패키지여행?
— 그런 거 있잖아. 12박 13일 유럽여행, 런던-파리-프라하-베니스 블라블라……. 오전 7시 세종문화회관 앞 집합. 보성차밭-낙안읍성-순천만……. 그런 식으로 짜여 있는 패키지여행.
— 아! 그런 거?
— 여행사가 남들 다 가는 안전하고 편안하고 검증된 코스를 정해주고, 잠시 주어지는 자유 시간 갖고……. 그렇게 한 바퀴 착 둘러보고 집으로 돌아가는 것. 일상에서의 패키지여행이나 우리들 삶에서의 패키지여행이나 별다른 게 없는 거 같아.
— 맞아.
— 근데 패키지여행 같은 건 싫다고 하는 사람들도 자기 삶은 패키지여행하듯 살다가 이 땅을 떠나잖아요. 사람들은 그 여행이나 이 삶이나 같은 것이라는 걸 모르고 있을까요?

강은 여전히 은빛 비늘을 뽐내며 유유히 흘러가고 있었다.

어떤 대가보다 값진 금기의 경험

　술을 다 비우고 담배 한 개비를 물 즈음, 준비운동을 끝낸 사람들이 강가에 매어둔 래프팅 보트에 몸을 싣기 시작했다. 키잡이 한 사람을 앞에 두고 양 옆으로 앉은 사람들이 노를 저었고, 고무보트들은 하나 둘 강의 한가운데로 미끄러져 들어갔다. 그때 나의 눈동자 한가운데로 강가에 매어져 있는 파란 쪽배 하나가 들어왔다.

　　- L형, 우리도 래프팅이나 해볼까요?
　　- 뭘로?
　　- 하하하, 저기 배가 있잖아요?
　　- 저거? 주인이 있을 텐데.
　　- 놀다가 배 주인이 나타나면 나간다 그럼 그뿐이죠.
　　- 게다가 음주운전인데 괜찮겠냐?
　　- 걱정 마세요. 까짓, 물에 빠지기밖에 더 하겠어요? L형도 태영은 확실히 배웠잖아요?

　전국에서 가장 유명한 해수욕장들을 옆구리에 끼고 있는 항구도시, 부산에서 자란 나는 물에 대한 두려움 같은 건 없었다. 그렇다고 나의 수영 실력이 뛰어난 건 아니다. 단지 물이 익숙해서 두려움의 대상으로 다가오지 않는다는 것뿐. 아니, 어쩌면 물에 대한 두려움이 없다기보다는 몇 번 죽을 고비를 넘긴 후론 죽음에 대한 두려움을 느끼는 신경 가닥들이 '치직치직' 하고 접촉 불량이 되어버렸는지도 모를 일이다.

그렇게 나는 살아남을 운명이라면 어차피 살아남게 되어 있다고 여기고 있었다. 단지 나의 죽음에 앞서 한 가지 바람이 있다면, 이 행성에서 내가 만나 사랑했던 길동무들에게 작별 인사를 할 여유 정도는 남아 있었으면 싶을 뿐. Hey, my good fellas! Have a nice trip!

나는 강변의 바위에 묶여 있던 밧줄을 풀고 파란 쪽배를 물 위에 띄웠다. L형이 배 위에 올라타자 노로 강바닥을 밀어 강 안으로 배를 밀어 넣었다. 곧 배의 밑바닥이 바닥에 닿지 않을 수위에 도달하자 나는 자세를 바로 잡고 강 건너편으로 노를 저었다.

— 어디까지 갈려고? 너무 멀리 가는 거 아냐?
— 일단 강 건너편까지는 가보죠. 하하하—.

남의 배를 허락도 없이 탔던 탓에 L형은 적이 불안해했지만, 나는 그다지 신경이 쓰이지 않았다. 한강에 배 지나갔다고 표시 나느냐는 말도 있지만, 배가 강을 한 번 지나갔다고 해서 닳으면 얼마나 닳겠는가. 모든 경우에 해당하는 사항은 아니지만, 금기를 넘고 싶은 욕망을 뒤로한 채 미련을 갖고 돌아서는 것보다는, 금기를 위반해서라도 금기의 벽 너머를 체험하고 대가를 치르는 것이 낫다는 게 경험주의자로서의 나의 지론이었다.

그런 생각으로 때로는 금기를 넘나들었지만 다행히 대가를 치른 경우는 거의 없었다. 가벼운 예를 들자면 "여기는 출입금지구역입니다. 나가주십시오" 그러면 나가면 그뿐. 대신 나에겐 그곳에서의 풍경이나 체험이 남았고, 미련은 사라졌다.

강 건너편까지 노를 저어 갔다가 돌아오는 길, 우리들의 무단 선박 대여와는 아랑곳없이 강은 조용했다. 어느 누구도 우리에게 관심을 두지 않는다는 사실에 L형도 안심이 되는지 노를 넘겨 달라더니, 함박웃음을 지으며 노를 젓기 시작했다.

우로! 좌로! 저 멀리 고씨동굴에서 나온 패키지 여행객들이 단체 관광버스에 올라타고, 래프팅을 하러 온 젊은이들이 무리를 지어 강을 내려갈 때, 우리는 흘러가는 구름과 흘러가는 강물에 몸을 싣고 노래를 불렀다.

파란 쪽배 위에서 한들한들거리며 물 위에 떠 있는 느낌은 마치 나비가 된 듯한 기분에 휩싸이게 했다. 허공에 둥실둥실 떠 있는 나비처럼 물 위에서 우리는 하늘하늘 흔들거렸다.

ⓒ 강혁신

노를 저어라, 노를 저어라
Row, row, row your boat

부드럽게 물결을 따라
Gently down the stream

즐겁게, 즐겁게, 즐겁게, 즐겁게
Merily, merrily, merrily, merrily

인생은 한낱 꿈일 뿐
Life is but a dream!

다시 태어나고 싶지는 않았지만(비관적 세계관 때문일 것이라고 혹시 당신이 오해를 할지도 모르겠다는 생각에 덧붙이자면, 그건 다시 태어나고 싶은 생각이 없을 정도로 이 행성에서의 삶에 미련이 없기를 바라기 때문이다. 'Hey, My Good Fellas! Have a nice trip!' 을 외쳐야 할 그 순간, 이생에서 이루지 못한 욕망이 있거나 이루지 못했던 욕망으로 인한 미련이 나에게 남아 있지 않기를!) 만약 내생來生이 있다면 단 한 달의 수명이라도 좋으니 나비로서의 한 생을 사는 것도 좋을 듯했다.

노 젓기를 멈추고 술기운이 사라져가자 한기가 느껴졌다. 이제 슬슬 더 늦기 전에 연포 마을로 가야 할 시간이었다.

마지막 오지 마을

남한강을 거슬러 동강으로 접어들었고, 동강을 따라 가는 길은 소문대로 아름다웠다. 그러다가 어라연의 이정표를 보자, 연포 마을로 가는 길과는 좀 벗어나지만 들러보기로 했다.

그러나 어라연 진입로에 도착하고서야 알게 되었다. 도보로 3km가 넘는 구간을 왕복해야 한다는 것을. 그러자면 날이 너무 저물 듯했다.

이번에도 연포 마을 입구로 들어서는
샛길을 놓칠 수는 없는 노릇이었다.

뭐, 어쩌랴?

어라연은 보지 못했지만
어라연 가는 길이 행복했으니 그뿐.

신동에 도착했고, 고개를 하나 넘으니 왼쪽으로 조그만 샛길과 함께 연포 마을로 향하는 이정표가 나타났다. 지난번엔 가로등도 없는 밤길이었던 탓에 우리는 이정표도, 샛길도 발견하지 못했던 것이었다.

『선생 김봉두』가 발령받은 초등학교가 있던 연포 마을. 영화 속의 장면처럼 마을로 들어가는 길은 차 한 대 달랑 지나갈 폭의 도로로 이어졌다. 맞은편에서 차가 온다면 비켜서기가 쉽지 않을 길이었다. 아니나 다를까, 오르막의 끝에서 차 한 대가 나타났고, 어렵게 비켜서 지나치는 사이 '지이이익' 차 옆구리에 굵고 기다란 흠이 생겼다. 뭐, 어떠랴. 이 행성을 스쳐 지나가며 잠시 빌려 쓰는 물건이니 또 그뿐.

낮은 고개와 꼬부랑길을 넘어, 넘어, 넘어 동강을 가로지르는 돌다리가 나왔고, 계곡이 굽어지면서 우뚝 서 있는 뼝대가 나타났다. 선생 김봉두가 아이들과 함께 낚시를 하고 물고기를 구워 먹던 강변, 연포 분교와 흙집들.

학교는 닫혀 있었다. 선생도, 학생도 보이지 않았다. 폐교였다. 소석이는 잘 지내고 있을까?

마을 입구에 하나 있는 가게에서 저녁 식사를 하려고 했으나, 주인 할머니께선 어제 마을 펌프가 고장이 나는 바람에 물이 나오지 않으니 식사도, 민박도 치지 못한다고 하셨다.

- 할머니께선 식사를 어떻게 하세요?

- 강물을 길어서 지으면 되는데. 근데 내가 지금 다리를 다쳐서……

- 물통 어디 있어요? 저희가 길어 드릴게요. 어디 보자…….

- 아니, 그게…….

- 괜찮아요. 이거랑 또 하나 더 주세요.

5L, 5L, 10L 물통 세 개를 들고 강가로 내려갔다. 마을 안쪽에서 개 짖는 소리가 들렸고, 그 소리는 맞은편 가파른 뼝대에 부딪혀 메아리로 돌아왔다. 그러자 마을의 개는 그 소리가 자신이 내는 소리의 메아리인지도 모르는 채, 돌아오는 소리를 향해 또 다시 짖었다.

- 잘 지내세요?

- 잘 지내세요?

- 저는 잘 지내요.

- 저는 잘 지내요.

정말 맞은편 뼝대 위에서 개가 짖고 있다고 착각을 일으킬 정도로 또렷한 메아리가 계곡에 울려 퍼졌다.

강물을 길어다 드렸더니, 밥을 안치고 가게를 지키던 할머니, 밭에서 일을 하고 돌아오신 할머니 두 분, 나와 L형. 그렇게 다섯 사람이 함께 둘러 앉아 식사를 했다. 할머니들께선 "도시에서 온 사람이 이런 거 먹을 수 있을까" 염려하시며 보리밥과 시골 된장에 그날 밭에서 따오신 각종 푸성귀들을 내놓으셨다.

채식주의자 L형과 짜면 짠 대로, 싱거우면 싱거운 대로, 매우면 매운 대로 그날 요리에 따라 모드를 바꿔버리는 특이성 혀를 가진 나. 우리가 너무나 맛나게 쌈을 싸먹자 할머니들께선 도시 사람들은 못 먹는 사람이 많더라며 우리들의 먹성에 흐뭇해하셨고, 빈 방들이 많으니 자고 가라며 방 한 칸을 내어 주셨다.

우리는 오지 마을의 방 한 칸에 이불을 폈다. 불을 지펴 따뜻해지는 방에 이불과 베개를 베고 누우니 너무나 편안했다. 우리는 이번 여행을 시작하며 오지 마을 사람들의 집에서 식사를 하고, 그들의 집에서 잠을 잘 수 있기를 바랐다. 그러나 개발이란 이름의 불도저 앞에서 수없이 사라진 오지 마을들에서 우리는 매번 허탕을 쳐왔다. 그리고 여행 일정의 마지막 밤, 연포 마을에 이르러서야 그 바람이 이루어진 것이다.

나는 배낭에서 리처드 브라우티건의 『미국의 송어낚시』를 꺼내어 「영원의 거리에서의 송어낚시」편을 읽었다. 어두워져 가는 오지 마을, 영원의 거리로 깜박깜박 졸음이 불어왔고, 알론조 하겐이 놓친 송어들이 나의 수면睡眠 위로 튀어 오르곤 했다.

나는 참을 만큼 참았다.
나는 7년 동안 낚시를 하러 갔으며
단 한 마리의 고기도 잡지 못했다.
나는 낚시 고리에 걸린 송어를 전부 놓쳐버렸다.
그것들은 펄쩍 뛰어오르거나
또는 몸을 비틀어 빠져나가거나
또는 몸부림쳐서 빠져나가거나
또는 나의 리더를 부러뜨리거나
또는 수면으로 떨어지면서 빠져나가거나
또는 자신의 살점을 떼내면서 빠져나갔다.
나는 송어에 내 손을 대본 일조차 없다.
이러한 좌절과 당혹스러움에도 불구하고
나는 믿는다.
그것이 매우 흥미로운 실험이었음을,
놓친 송어의 총계를 생각해볼 때.
그러나 내년에는 다른 어느 누군가가
송어낚시를 하러 가야만 할 것이다.
다른 어느 누군가가 그곳으로 가야만
할 것이다.

― 알론조 하겐의 「미국의 송어낚시를 위한 비문」 중

ⓒ이재근

4장

훔쳐 보는 풍경

그대 마음의 삼포, 사방거리 – 강원도 화천군 상서면 산양리

밤 11시 59분 45초 – 재인 폭포를 찾아서

바람이 묻어준 이야기 – 숲 속의 음악회

우린 이 행성을 그저 스쳐 지나갈 뿐 – 월악산 하늘재를 지나며

필리핀 열대우림에 폭설이 내린다면 – 35번 국도의 설경

누구든지 고향에 돌아갔을 때
'아, 드디어 고향에 돌아왔구나' 싶은 사물이
하나씩은 있기 마련이다.

훔쳐보는 풍경 1

그대 마음의 삼포, 사방거리

– 강원도 화천군 상서면 산양리

어느 작가의 얘기처럼 H에게 귀향歸鄕을 확인하게 하는 사물은 유년시절 그가 동무들과 멱을 감던 개울과 다이빙을 했던 바위였던 것 같다. 그러나 근 20년 만의 귀향이라며 가는 길 내내 들떠 있던 목소리와는 달리, 막상 개울가의 바위를 내려다보고 있는 그의 안색은 어둡게 가라앉아 있었다. 게다가 다리 위에서 개울을 내려다보고 있던 그의 눈가에 살며시 주름이 잡히는 것은 단지 찬바람 때문만은 아닌 듯했다. 마치 지금 막 사라지려는 무언가를 실눈을 하고 놓치지 않으려는 간절한 눈빛. 그래, 그의 눈앞에서 무언가가 아득하게 사라져가고 있었던 것이다.

강원도 화천군 상서면 산양리. 군복무를 마친 그의 부친은 자신이 복무했던 부대 앞마을에 자리를 잡았고, 그는 '세탁소집 막내아들'로 유년시절을 보냈다. 그리고 부친이 세상을 떠나자 어머니는 이렇다

할 연고도 없던 그곳을 떠나 큰 딸이 정착한 부산으로 늦둥이를 데리고 내려갔다. 그때 그의 나이 열한 살.

그는 고등학생이 되어서야 여름방학을 맞아 고향을 다시 찾았고, 유년시절의 동무들을 만나고 다음 만남을 기약하며 마을을 떠났다. 그 후 대학을 졸업하고, 결혼을 하고, 아들을 낳고, 그렇게 꽤 오랜 세월이 지나가는 동안 그는 고향을 찾아가지 못했다. 부산에서 뿌리를 내린 그에게 강원도 화천군 상서면 산양리란 여러 날 휴가를 내야 방문할 수 있는 머나먼 마을로 여겨졌던 것이다.

그러던 그가 근 17~18년이 흘러 다시 고향을 방문했던 것은 사실 나의 느닷없는 부추김과 한 번 길에 올라서면 고무줄처럼 일정이 늘어나버리는 나의 버릇 때문이었다.

그의 고향에 대한 단상

고교 시절 「북한의 청소년에게」라는 불온한 편지를 교지에 게재하기도 했던 H. 그는 대학에서 기계설계를 전공한 후 회사에 입사를 했지만, 곧 직장을 그만두고 누구한테 간섭 안 받고 그날그날 맡은 일만 하면 맘 편할 막일을 일찌감치 시작했었다. 경부고속철도 공사 등 굵직굵직한 공사 현장에서 잔뼈가 굵어진 그는 최근 한 건설회사의 슈퍼바이저로 스카우트가 되었는데, 맡은 현장 중 한 곳이 서울 춘천 간 고속도로가 건설되고 있는 미사리였다.

전날 늦게까지 그와 술을 마신 나는 간만에 강바람도 쐴 겸 그를 따라 미사리 현장까지 따라가기로 했다. 대형 건설 장비를 대여하는 회사의 직원인 그가 막상 현장에서 할 일은 없었다. 전국 곳곳의 현장에 대여한 건설 장비들이 잘 돌아가는지 확인하고, 장비들 중 문제가 발생하면 해결을 하고, 공사 진척 사항을 보고하는 것이 주 업무였다. 그가 현장에서 실제 보내는 시간은 30분이 채 되지 않았다.

- 어디 밥이나 먹으러 갈까?
- 일단 강바람이나 좀 쐬자.

처음엔 정약용 유적지까지만 갈 요량이었지만, 이왕 온 거 청평 쪽으로 좀 더 가보자는 식으로 나의 버릇이 시작되었고, 결국,

- L도 볼 겸 화천까지 가볼까? 지금 화천에서 한옥학교 다니잖아.
- 그기 내 고향인데!
- 그래?
- 강원도 화천군 상서면 산양리. 고등학교 때 한 번 가보고 지금까지 못 가봤어.

- 쇠뿔도 단김에 뽑는다고, L도 볼 겸 가자!

청평과 양평으로 나눠지는 갈림길에서 청평으로 좌회전을 했다. 화천에 가자고 말을 꺼낸 것은 나였지만 가는 길 내내 흥겨워했던 건 H였다. 그는 미사리 현장을 왔다 갔다 하면서도 고향까지 갈 생각은 전혀 하지 못했다고 했다. 마지막으로 가 본 고향은 부산에서 춘천으로, 춘천에서 화천으로, 화천에서 다시 산양리로 강원도 시골길을 굽이굽이 들어가는, 머나먼 오지였던 것이다.

- 현장에서 두세 시간이면 닿을 거린데 난 왜 그렇게 멀게 생각했지?

그렇게 말문이 트이기 시작한 그는 대성리, 청평, 가평을 지나며, 자신의 고향 마을 풍경을 들려주었다.

- 여름이면 개울에서 멱을 감고 놀았지. 다이빙도 하고! 다이빙하는 바위가 있는데 그 아래에서 애들이 빠져 죽기도 했어. 무지 깊었거든. 한 애가 죽고 나면 무서워서 이듬해는 아무도 그 개울에서 수영을 하지 않았어. 근데 한 해 더 지나고 나면 다들 까먹고 다시 가. 장마 지나면 그물 들고 가서 천렵

도 하고, 한가득 잡아 집에 갖다놓으면 어머니께서 구워주시고.

　　차는 북한강을 오른쪽으로 끼고 강촌江村을 지나가고 있었다. 대학 시절, 수없이 강촌에 MT를 오곤 했다. 경춘선 열차가 간이역들을 지나 도착한 강촌은 이름 그대로 강이 있는 촌村이었다. 해질 무렵 기차에서 내리면 기차 시간에 맞춰 민박을 치는 아주머니들이 학생들을 맞았고, 그들의 뒷모습을 따라가는 길은 집도 담도 낮아 저녁 안개가 슬며시 발목을 적시기라도 하면 객창감에 사뭇 잠기게도 되었던 그런 곳.

　　그리고 7년이 지나 다시 강촌을 찾았을 때, 강촌은 더 이상 촌이 아니었다. 길을 따라 줄줄이 늘어선 모텔들이 네온의 헤드라이트를 밝히며 도심의 러브호텔을 추격하고 있었고, 콘도식 민박, 닭갈비집, 삼겹살집의 뒤죽박죽 간판들이 신흥 유흥가를 흉내 내고, 바이킹을 비롯한 놀이기구에서 나오는 스피커 소리가 사방으로 울려 퍼지고 있었다. 강촌은 리버시티 River City 로 변해 있었다. 그 후 나는 그곳에 가지 않았다.

　　끼이익-. 개발 자체를 부정하지는 않는다. 도시 사람만 잘살라는 법 있나, 우리 마을도 좀 개발되고 우리도 좀 잘 살아보자는 현지 사람들의 바람을 떳떳하게 비판할 수 있는 사람이 이 땅에 몇이나 될까? 지금 이 땅에서 그들의 자본주의적 욕망을 비판하거나 비난하는 것은,

마치 자신은 자식 낳고 후손 보며 생물로서 가장 기본적인 욕망을 실현하면서, 그들의 욕망은 이런 저런 이유로 거세해야 된다는 주장과 같다.

그러나 여기서 하나 마나한 소리겠지만, 한치 앞도 내다보지 않는 무분별한 개발은 이제 좀 그만할 때도 되지 않았을까? 왜 이 땅의 개발이란 항상 뒤죽박죽으로 엉킨 네온사인들과 무지막지한 간판들과 안하무인의 소음들과 동의어가 되는 것일까?

강촌대교 앞 건널목에서 신호등 불빛이 바뀌길 기다리며

'아름다운 개발' 이라는 어쩌면 반어법이 될지도 모를, 하나 마나 할지도 모를 생각에 잠시 잠겨 있었다. 부릉-.

히말라야 등반을 꿈꾸는 친구

오후 1시. 점심시간이었고, 도로변을 따라 식당들이 눈에 띄었지만 그냥 지나쳤다. 지난번 화천에서 먹었던 돼지국밥이 떠올랐기 때문이다.

돼지국밥은 부산(경남)에서만 맛볼 수 있는 음식인데, 지난번 혼자 L을 만나러 갔다가 화천 시장에서 돼지국밥집을 발견했었다. 비슷한 음식을 찾자면 순대국밥이 있긴 한데 조금 다른 것이, 돼지국밥은 돼지 뼈를 넣고 육수를 우려낸 다음 돼지 수육을 큼직하게 썰어 넣고 밥을 말아먹는 음식이다. 보통 따로 간을 하지 않고 나오기 때문에 부추와 고춧가루, 양념장, 새우젓을 각자 입맛에 맞게 넣어 먹는다. 6·25 때 부산으로 내려온 피난민들이 영양보충을 하려고 값비싼 곰탕 대용으로 만들어낸 음식으로 알려져 있다.

H와 나는 강원도에서 고향 음식인 돼지국밥을 먹겠다는 일념으로 아침도 거르고, 아점도 거르고, 점심시간이 한참이나 지나 화천에 도착했다.

– 자, 일단 시장 안으로 들어가자! 이쪽이야.

지난번에는 바쁜 점심시간대라 묻지 못했었는데 식당 주인의 고향을 물으니 마산이란다. 남쪽 고향 마산에서 강원도 화천까지 참 멀리도 오셨구나. 우리는 고향 음식을 먹으며 흐뭇해졌다. 이제 L을 찾아 나서야겠지.

식사를 끝내고 차에 오른 지 5분이 채 되지 않아 언덕 오른쪽으로 자그마한 학교가 눈에 들어왔다. 화천 한옥학교. 폐교를 이용해서 운동장은 치목장으로, 교실은 숙소로 사용하고 있었다. 지난해까지 양복에 와이셔츠를 입고 지냈던 L이 작업용 점퍼에 장갑을 끼고 나타났다. 톱밥과 나무 조각들이 어깨와 바지 곳곳에 붙어 있었다.

– 그동안 많이 배웠나?
– 이제 한 달 반 지났는데 뭘. 기본기 교육받고, 서까래는 다 깎았고 한창 작업 중이야.
– 지금 작업하고 있는 게 실제 사람이 살 집이야?
– 그럼. 석 달간 서까래며, 보며, 자재들 다 치목하고, 현장으로 가져가 조립하는 거지.
– 재미있어?
– 하하하, 그렇지. 참, 이 근처에 빈집을 한 채 구했어. 방 3

칸인데 월 15만 원에 빌리기로 했어. 일반 과정 6개월 끝나고 히말라야 갔다 와서 바로 전문가 과정까지 마치려고.

L은 푸른 스물의 꿈이었던 히말라야 등반을 하기 위해 다니던 회사에 사표 내고 나와, 히말라야 등반 준비를 하면서 올해 초부터 한옥학교를 다니고 있었다. 다른 목조건축학교에서는 비싼 자재비 때문에 축소 모형을 만드는 식으로 기술을 익히는 데 비해, 화천 한옥학교는 화천군과의 연계로, 건축주가 토지와 자재비만 내면 인건비를 들이지 않고 한옥을 짓고 학생들은 실 자재들로 한옥 한 채를 직접 짓고 졸업할 수 있는 시스템으로 운영되고 있었다.

L은 학교의 그런 교육과정에 대해 상당히 만족하고 있는 듯했다.

– 빈집 구경하러 잠시 가볼래? 여기서 금방이야. 마을 이름이 뭔지 알아? 노동리야. 하하하!

고교 시절, 아이들이 내 이름 앞 두 자, '노동'만 떼어놓고 별명처럼 부르던 것을 떠올리며 L이 웃음을 터트렸다. 언덕을 넘어 한두 굽이를 돌자 길가에 슬레이트 집 한 채가 남향으로 세워져 있었다. 넓은 거실에 방 3칸. 오래되지 않은 건물에다가 어린 아이들의 그림들이 벽에 그려져 있는 모양으로 보아, 어쩌면 귀농을 했던 사람이 잠시 묵다가 떠난 집인지도 모르겠다는 생각이 들었다.

2월 말까지 집은 폐가인 채로 조용할 것이다. 그리고 3월을 맞아 L이 이사를 오고 사람들이 들면, 밥 짓고 술 먹는 소리 요란해지겠지.

다음 방문을 기약하며 L을 다시 학교 앞 도로에 내려놓고 H와 나는 산양리로 향했다.

우리는 진정한 고향으로 돌아갈 수 없다

사단장 부인의 이름을 따 '이기자 부대'가 되었다는 27사단, 그리고 달거리, 사창리 같은 야릇한 이름이 쓰여 있는 이정표들을 지나 산양리로 들어섰다. 산양리는 산양리인데, 산양리가 아닌 것 같다고 의아해하던 H가 버스 터미널에 이르자 기억 속의 지도와 맞춰보기를 시작했다.

- 많이 바뀌었는데.

서행을 하며 읍내를 지나 다리를 건넜고, 삼거리에서 왼쪽으로 들어서자 오른쪽에 산양 초등학교가 보였다. 겨울방학의 운동장은 인근 부대 군인들이 차지하고 있었다. 주황색 운동복을 입은 군인들의 함성 소리. 학교는 외진 마을치곤 유난히 컸다.

– 여기 봐, 이 흉터가 저 옥상에서 파이프 타고 내려오다가 찢어져서 생긴 자국이야.

H는 손바닥의 상처를 보여주었다. 그는 기억을 더듬으며 급식소와 교실들과 화단의 향나무와 옆 뜰의 사슴 농장을 세심하게 둘러보았다.

산양리는 '사방거리'로 널리 알려져 있는데, 6·25 전쟁 직후 군복무를 마치고도 고향에 돌아가지 않고 산양리에 자리 잡은, 전국에서 모여든 사람들이 산다 해서 '사방거리'가 되었다고 한다. 화천군청에서 18km 가까이 들어가야 되는 외진 마을의 초등학교가 이렇게 큰 것은, 직업군인들의 아이들을 비롯해 여전히 전국 각처에서 온 사람들이 모여 사는 까닭인 듯했다.

학교를 나오며 H는 올 때와는 다른 방향으로 핸들을 틀었다. 다리 하나가 나타나자 차가 다리 위에 조심스레 섰다. H가 차에서 내렸다. 그리고 다리 난간에 서서 개울을 내려다보았다. 왼쪽 개울가에 바위가 보였다. 오면서 얘기했던 개울이랑 바위구나. 드디어 H가 고향에 돌아온 것인가?

가만히 개울과 바위를 내려다보며 말이 없던 H가 옆에 서 있는 나를 의식한 듯 몇 마디를 연이어 내뱉었다.

- 물이 이렇게 얕았나? 개울이 이렇게 좁았던가? 바위가 저렇게 작았었나?

그의 집이 있던 제일세탁소는 돈가스를 파는 가게로 바뀌어 있었고, 담벼락의 창문으로 훔쳐보곤 했다던 작부집은 다른 이름의 여관으로 바뀌어 있었으며, 17~18년 사이에 건물과 건물, 길과 길의 거리도 터무니없이 달라져 있음을 H는 깨달았다.

ⓒ 김진수

다시 버스 터미널에 이르렀을 때, 그는 "집에서 버스 터미널까지 거리가 이거밖에 안 되었다니!"하고 탄식 같은 한마디를 했다. 그의 기억 속에서 거대했던 하나의 세계가 바람 빠진 풍선처럼 쪼그라들고 있었던 것이다.

북한강을 끼고 내려오는 길, 잠잠하던 H가 춘천댐에 이르러 묻지도 않았는데 말을 꺼냈다.

- 기분이 별로 안 좋아.

십 수 년 만의 귀향에 대한 감회感懷는 그것으로 끝이었다. 그러나 더 말하지 않아도 말하기 힘든 수많은 감회가 회오리치고 있다는 것이 전해져 왔다. 그리고 그의 짤막한 감회를 물고 오래 전에 읽었던 두 편의 소설이 지나가고 있었다.『그대 다시는 고향에 가지 못하리』와『삼포 가는 길』.

너무나 대조적인 행로를 걸어온 이문열과 황석영이 동시에 떠올랐다는 게 묘했지만, 그 소설들 속에서 두 작가가 하고 싶었던 얘기는 어떤 면에서는 일치하는 것 같았다. 그것이 산업화와 개발에 의해서든, 모든 것을 변화시키고야 마는 시간에 의해서든 '진정으로 사랑했던 고향에로의 통로는 오직 기억으로만 존재할 뿐, 이 세상의 지도로는 돌아갈 수 없다'는 것 말이다.

밤 11시 59분 45초
– 재인 폭포를 찾아서

훔쳐보는 풍경 2

- 난 보사노바가 좋아요. 내 취향에 딱 맞는 거 같아! L형은 어떻게 생각해?
- 들어도 듣는 것 같지 않고, 다른 일할 때 방해도 안 되고, 살랑살랑거리는 음악이지.

연천의 재인 폭포를 향해 달리며 우리는 앤 샐리가 노래하는 보사노바 곡을 듣고 있었다. 사실 L형이 표현한 보사노바의 느낌이 보사노바에 대한 세인들의 일반적인 평가인지 확인하지는 않았지만, 적어도 내게 있어서 '들어도 듣는 것 같지 않고, 다른 일할 때 방해도 안 되고, 살랑살랑거린다'는 표현은, 내가 보사노바란 음악 장르에 보이는 호의와 정확히 일치했다.

보사노바의 '살랑살랑'에서 느껴지는 가벼움은, 흔히 10대들을 대상으로 하는 가벼운 유행가들에 대해서 대중음악 평론가들이 지적하는 그 가벼움과도 사뭇 다른 것인데, 보사노바는 말하자면 '차창을 활짝 열고 따뜻한 바람을 맞으며 봄날의 한가운데를 지나가는 길', 바로 그런 느낌이었다. 어쩌면 최근 와서 유난히 보사노바를 들었던 건 오락가락하는 꽃샘추위 탓에 청각으로나마 봄을 먼저 느끼고 싶었던 조바심 때문이었는지도 모르겠다. 경칩도 지났는데 귀 속의 달팽이, 너도 이제 일어날 때가 되지 않았니(귀 속에 있는 건 달팽이관이지 달팽이가 살 수는 없다고 주장하고 싶은 사람은 박민규의 『갑을고시원 체류기』를 읽어보길 바람).

이어 동두천을 지나며 L형과 나는 사람들이 보사노바처럼 소리 내어 웃게 하지는 않더라도 들으면 미소 짓게 하는 노래를 많이 들었으면 좋겠다는 생각에 동의했다.

사실 온라인 이웃들의 미니홈피라든가 블로그를 기웃거려보면, 일 년 내내 침울하고 애조 띤 곡들을 틀어놓는 사람을 자주 보게 된다. 가사의 의미는 깊고, 곡에서 흐르는 정조는 쓸쓸하다. 그들은 겨울엔 겨울이고, 봄이 와도 겨울이고, 여름이 와도 겨울이고, 겨울이 오면 다시 겨울이다.

더러 '가을파'도 있다. 그들은 슬픈 노래를 듣고, 슬퍼하지만 한걸음 더 나아가 성찰해보면 그들이 '우울한 자아'를 즐기고 있다는 것을 알 수 있다. 일 년 내내 겨울을 즐기고, 일 년 내내 가을을 즐기는 것은 그들의 취향이니 뭐라고 얘기할 바는 아니지만, 너무 오래 그곳에 머무르면 일조량이 부족한 식물처럼 어둡게 시들고 말 것이다. 뭐니 뭐니 해도 나는 이 땅의 사계가 좋다. 봄, 여름, 가을, 겨울.

말 나온 김에 나의 음악 듣기에 관해 몇 걸음 더 샛길로 빠져보자면, 나는 음반을 사도 그것이 한국가요든 아메리칸 팝송이든 가사를 보지 않고 음악을 듣는 편이다. 그 이유는 가사를 모르면 그때그때 기분이나 상황에 따라 다른 마디의 가사가 들리고, 그러면 언제나 새로운 곡을 듣고 있는 듯한 기분이 되기 때문이다.

가사지를 버려두고 음악을 듣는 버릇은, 사실 학창 시절에 조덕배의 「꿈에」를 무척 좋아했는데 미리 가사를 외워 부른 뒤로는 그 노래를 잘 흥얼거리지 않게 된 이후부터 생긴 것이었다. 싫증내는 것을 사전에 방지하는 방법이 가사지 없이 노래 듣기.

그래, 나는 싫증을 잘 내는 편이다. 아니, 이런 걸 싫증을 잘 낸다, 안 낸다고 말할 수 있는 것인지는 모르겠다. 어쨌든 한 번 꽂히면 만사 제쳐두고 몰입하는데, 어느 순간 딱 싫증이 나면 다시는 몰입했던 대상에 관심을 두지 않는다.

우스개 삼아 과거 사례를 하나 들자면, 어느 날 '돼지바'를 먹었는데 너무 맛있는 것이었다. 그래서 아이스크림을 사먹을 때마다 돼지

바만 먹었다, 무려 3년 동안. 그러다 어느 여름날, 단 한 입을 베어 먹는 순간, 싫증이 났다. 그리곤 다시는 내 돈으로 돼지바를 사먹지 않았다. 안 웃겼으면 말고. 이런! '후천성 샛길 증후군 환자'를 위한 내복약을 복용할 시간이다. 꼴딱-.

찰나에 역사를 수장시키다

'재인 폭포'란 이름의 폭포가 이 땅에 존재한다는 것을 알게 된 것은 컬쳐뉴스의 안효원 기자를 통해서였다. 지난 설 연휴, 포천으로 귀성길에 오르는 그에게 설 인사를 겸해서 숙제(?)를 하나 냈는데, 포천 근교에서 '가볼 만한 곳 베스트 5'를 알아오라는 것이었다.

그는 5개 중 3개만 먼저 제출했는데, 베스트 오브 베스트는 앞뒤로 산山, 가까이 저수지水, 조용한 초등학교校가 있는 경기도 포천군 관인면 율촌리였다. 그곳은 다름 아닌 자신의 고향집이었다. 두 번째는 민통선 인근의 길들, 그리고 세 번째가 아직 자신이 가보지 않아서 잘 모르지만 장정일의 '강정'처럼 다들 '좋다'한다는 재인 폭포였다.

씨암탉에 눈이 어두운 나는 언제 시간 나면 그와 함께 고향 마을을 찾기로 하고, 민통선 인근 길은 이미 오간 적이 있으니 뒤로 넘기고, 과제물의 끝에 매달려 있는 재인才人, 마치 『왕의 남자』의 광대들을 떠올리게 하는 폭포 이름에 탁 꽂혀 그곳을 찾기로 했던 것이다. 더더구나 정부와 시민단체, 환경단체가 줄다리기를 하고 있는 한탄강 댐이 수자원공사의 계획대로 지어지기라도 하면 폭삭 수장水葬될 폭포라니 얼마나 안타까운 일인가! 지구가 천 년, 만 년, 어떤 경우에는 수억 년에 걸쳐 만들어낸 경이로운 모습을, 45억 년이란 지구 역사를 하루로 환산하자면 밤 11시 59분, 그것도 45초 즈음에 등장한 인류가 0.000001초 만에 수장시켜버리는 시대를 우리는 살고 있다. '어이, 앞으로 물이 많이 부족할 거라는데? 그럼 쟤 수장시켜버려!'

    한탄강을 건너 사거리의 빨간 불 앞에서 잠시 멈추자, 야릇한 이정표 하나가 눈에 들어온다. 구석기 사거리. 국사 시간에 익히 들었던 지명, 연천 전곡리. 구석기 유물이 발견되고, 박물관이 세워지고, 구석기 축제가 열리는 마을의 거리 이름은 구석기 사거리인 것이다.
    이정표를 골똘히 바라보자니 돌도끼, 돌칼을 들고 네거리에 빽빽하게 서 있는 구석기인들의 모습이 떠오른다. 그들이 들고 있는 깃발에는 이런 글귀가 나부끼고 있을 것이다. '한탄강 댐 건설 중단하라.'
    얼마 전 9시 뉴스에서 한탄강 댐 수몰 예정지에서 선사시대 유적이 발견되었다는 소식을 들었다. 문득 일본의 구석기 유물 사기극이 떠올랐다.

1990년대 초반까지 일본에는 전기 구석기 문화가 없었다. 그러던 중 일본 고고학자 후지무라 신이치의 전기 구석기 유물 발굴로 인해, 불과 몇 년 사이 일본의 역사 시대는 3만여 년에서 70만 년 전까지 연대가 올라갔다. 그러나 2000년 11월, 그가 발견한 유물이 조작된 것이라는 사실이 밝혀지면서 전 세계 사학계를 떠들썩하게 했다. '없는 유물'도 만들어내고 할리우드의 『내셔널 트레져 National Treasure』에서 보듯 수백 년도 안 된 유물을 들고서 호들갑을 떠는 판에, 수십 만 년 묵은 '있는 유물'도 제대로 발굴하지 않은 채 수장시켜버린다면, 먼 훗날 우리의 후세들은 우리의 선택에 대해서 어떤 평가를 해줄까.

영원히 재인 폭포를 볼 수 있기를

연천군청에 못 미쳐 오른쪽으로 재인 폭포로 가는 이정표가 나타났다. 78번 국지도. 완연한 시골길이고, 완연한 시골길의 구멍가게다. 구멍가게에 들렀다. 냉장고엔 맥주 종류도 달랑 한 가지.

나는 캔맥주 두 개와 스낵 한 봉지를 샀다. 시원한 맥주를 한 모금 털어넣자, 금세 개나리 피고, 벚꽃이 날리고, 가로수마

ⓒ 김홍규

산세를 따라 암석들이 가파르게 내려다보이는 절경

다 연둣빛 잎눈들이 파릇파릇 아지랑이 사이로 눈을 땡그랗게 뜨는 봄이 느껴졌다. 그래, 다시 봄이 돌아온 것이다.

드문드문 위병소를 드나드는 차량들을 제외하면 차 한 대 지나가지 않는 한적한 길옆으로 미루나무들이 제 가지들을 중력의 반대 방향으로 드레드 락을 한 아프로아메리칸처럼 꼬아 올리고 있었다. 산세를 따라 암석들이 가파르게 내려다보이는 절경. 내 입에서는 정말 오래간만에 길 위의 추임새가 튀어 나온다.

– 이야, 좋다, 좋아!

그러나 광대의 전설이 깃들어 있는 재인 폭포의 실체를 만나기도 전에 "좋다, 좋아!"라는 나의 추임새는 끝이 나버렸다. 길 앞으로 철조망이 쳐진 쇠문이 굳게 닫혀 있었기 때문이다.

개구멍을 통해 쇠문을 통과해서 걸어가면 되지 않을까? 문 앞에서 이리 저리 서성거리자, 미처 눈치 채지 못했던 허름한 건물에서 두 명의 군인이 문을 열고 다가온다.

– 출입금집니다.
– 재인 폭포 가는 길인데, 어떻게 된 겁니까?
– 지금 안에서 군사훈련 중이라 주말에만 개방합니다.

- 여기서 가까운가요?

- 네, 50m쯤 가서 협곡으로 내려가면 됩니다.

- 그럼 여기서 몇 분 걸리지도 않는데……. 재인 폭포 보려고 정말 먼 길 왔어요. 사진만 찍고 가면 안 될까요?

- 안 됩니다.

계급장을 보자, 일병. 일병을 단 지도 얼마 되지 않은 듯하다. 젠장, 상병 말호봉이나 병장만 되어도 다른 부대원들 눈치 같은 건 안 볼 테고, 적당히 구슬리면 들어갈 수도 있을 거리인데.

일병들은 깍듯이 죄송하다는 인사를 하며 등을 돌리고, 나는 철조망 너머 사진으로만 보던 재인 폭포를 떠올린다. 한껏 기대하며 여기까지 왔는데 이게 뭐람.

만약 한탄강 댐이 들어서기라도 하면, 그리고 한탄강 일대의 자연, 역사, 문화적 유산들이 벌써 수장되었는지도 모르고 또 이렇게 찾아오는 사람이 있다면, 한탄강 댐 공원 관리공단 관계자들이랑 이런 대화를 주고받겠지.

- 재인 폭포 가는 길인데, 어떻게 된 겁니까?
- 한탄강 댐 지으면서 수장되었어요.
- 몇 m 아래에 있나요?

- 수면에서 20m쯤 아래에 있는데, 물속에 들어가지 않는 바에야 볼 수가 없죠.

그는 아마도 지금의 내가 출입금지 철조망을 바라보듯, 자신과 그곳을 나누는 경계인 '수면'을 안타깝게 쳐다볼 수밖에 없을 테지. 이미 엎질러진 물을.

훔쳐보는 풍경 3

ⓒ 김근봉

바람이 묻어준 이야기
- 숲 속의 음악회

- 신청평대교 건너서 기다리고 있을래?

두물머리를 지나 가평으로 가는 길, 북한강이 낮은 햇살을 받아 은빛으로 번들거리고 있었다. 겨울 강은 유난히 눈이 부시다. J형과 L형을 만나 '미래 사회와 종교성 연구원'이란 단체에서 운영하는 가평 연수원에 가기로 되어 있었다.

처음 그 긴 단체명을 들었을 때 나는 신부, 목사, 스님들이 모여서 SF영화나 UFO나 외계인에 대해서 연구하는 모임인 줄 알았다. 취지를 들어본즉, 휴머니즘과 영성靈性에 바탕을 두고 대안의 삶을 살고 대안의 사회를 꿈꾸는 이들이 그 꿈을 나누고 한 걸음씩 실천해나가는 모임이란다. 그곳에서 숲 속의 음악회가 열릴 예정이었다. 초대 가수는 오세은.

왕년에 나이트클럽이 문 닫을 시간까지 춤추며 놀아본 사람들이라면 마지막을 장식하는 흥겨운 이 노래를 들어본 적이 있을 것이다. '지금은 우리가 헤어져야 할 시간, 다음에 또 만나요~♬. 지금은 우리가 헤어져야 할 시간, 다음에 다시 만나요~.' 이 노래의 작사, 작곡자가 바로 오세은이다.

예전에 청평에 있는 선생의 집에서 고량주를 함께 마신 적이 있었다. 어눌하고 여유로운 그의 인상을 한마디로 표현하면 '도통한 최병서' 같은 느낌이랄까. 그래서 마주보고 이야기를 나누고 있으면 저절로 기분이 좋아진다.

그런 그에게 이 땅은 그다지 미소를 머금게 하는 곳이 아니었다. 음반을 내려고 10곡을 만들면 제목부터, 가사까지 통상 7~8곡에는 빨간 줄이 찍찍 그어졌기 때문이다. 사회성이 짙다, 반항적이다, 염세적이다, 퇴폐적이다 등등의 이유. 대표적인 노래가 「고아」인데, 불신감 조장이란 어의 상실할 판정으로 신중현의 「미인」과 함께 1975년의 대표적인 금지곡이 되어버렸다.

신청평대교를 건너 주차를 했다. 목도리를 돌돌 감고 나와 담배 한 대를 피우고 있으려니 다리 건너편에서 두 사내가 걸어오는 것이 가물가물 보였다. 한겨울에 이 다리를 도보로 건널 사람은 J형과 L형밖에 없다.

나는 오래 만나지 못한 J형의 얼굴을 한시라도 빨리 보고 싶어 마중을 나갔고, 환한 웃음이 눈에 들어올 즈음 손을 흔들었다. 맞은편에서도 손을 흔들었다.

- 잘 지냈어?
- 네. 몇 개 섬을 돌아보셨어요?
- 아직 몇 개 되지는 않아. 그 전에 돌아본 것까지 치면 한 50개 정도 되려나?

J형은 보길도를 나와 여행 중에 있었다. 벌써 여행길에 오른 지 1년이 넘었다. 청도와 티벳, 이젠 한국의 섬을 따라 여행 중이다. 한국에 있는 섬을 모두 돌아볼 생각이라고 했다. 얼마나 걸리게 될지 짐작도 가지 않는다. 남한에만 3,000개가 넘는 섬이 있고 유인도만 해도 500개에 달하니까. 묵은 이야기를 나누느라 길을 지나쳤다.

- 어? 여긴 골프장으로 가는 길인데? 지나쳤네. 어쩐지 길이 너무 좋더라.

U턴을 해서 왼쪽으로 난 샛길로 들어섰다. 한적하고 좁은 시골길. 얼마 지나지 않아 숲으로 둘러싸인 '우리 안의 미래'에 도착했다.

노래하고 웃고 떠들고 마시는 음악회

『말』지 기자 출신인 K형이 우리 일행을 맞이했다. 연수원의 행정동으로 사용하는 살림채에는 손님들이 아직 도착하지 않아 한적했다. 가만 보니 실내 분위기가 예사롭지 않다. 옻을 칠한 천정의 원목이며, 페치카 같은 분자로를 한옥 문살로 마무리한 게 보통 운치가 있는 게 아니다.

나무 계단을 올라 2층으로 갔다. 2개의 방과 또 하나의 문. 드르륵-. 지붕인데 지붕이 아니라 잔디를 깔아둔 마당이다. 세상에나, 운치가 그만이다(지붕에 잔디를 심으면 여름에 시원하고 겨울에 따뜻해서 에너지 효율을 극대화할 수 있다고 한다). 게다가 지붕의 잔디 마당을 가로지르면 또 하나의 독방이 있었다.

2층을 둘러보고 거실로 내려오자 K형이 냉장고에서 얼려둔 홍시를 내놓는데 입 안에 넣자 아이스크림처럼 살살 녹는다. 홍시를 하나 더 먹어치운 후 살림채를 나와 여름채와 겨울채, 그리고 숙소로 사용하는 가끔채 등등의 건물동을 둘러보았다. 각각의 건물마다 분자로라는 장치가 달려 있다. 이것은 일종의 보일러인데 장작을 때서 실내를 덥히는 것이다. 그러나 일반 장작 보일러와 다른 게 플라스틱, 폐비닐, 생활 쓰레기처

럼 탈 수 있는 모든 것들을 태울 수 있다고 한다. 분자로의 핵심이 바로 완전 연소를 시켜서 쓰레기나 공기 오염물질을 배출하지 않고 난방과 온수를 만들어내는 친환경 장치라는 것.

　　황토와 목재 원형을 건축재로 해서 구들, 회랑, 마루, 마당 등 전통 건축의 요소를 살리고, 한옥, 황토집, 통나무집의 장점이 절묘하게 어우러진 집이다. 일종의 퓨전 하우스들인 셈인데 한 채, 한 채가 볼거리 가득한 작품들이었다.

연신 감탄하는데 희끗희끗한 꽁지머리에 풍채 좋은 사내가 이쪽으로 걸어온다. 이곳의 건물들을 설계하고 만든 이일훈 건축가였다. 다시 살림채로 들어가니 어느새 사람들이 모여 있다.

안녕하세요, 오세은 선생님!

자리를 옮겨 음악회가 시작되었다. 40년 동안 하루도 빠짐없이 2시간씩은 연습을 한다는 그의 기타 선율에 얹힌 시조창과 아리랑 블루스가 넘어가고, 「고아」가 흐르고 도예가 H의 눈에 눈물이 얼핏 맺혔다. 국악을 접목한 노래로 시작해서 '반항적이고, 퇴폐적이며, 염세적인 노래들'로 낙인찍힌 전적이 있는 노래들이 이어졌다. 다양한 굽이굽이 고개를 넘어 마지막을 장식하는, 느리고 처연한 오리지널 버전의 「또 만나요」.

지금은 우리가 헤어져야 할 시간, 다음에 또 만나요.

뒤풀이 술로 J형이 주문한 막걸리 두 말이 도착했다.

― 전국을 다니며 마셔본 중 이 집 막걸리가 최고더라. 달래강 물로 만들었는데 맛이 기가 막혀!

나는 오세은 선생의 옆에 앉아 막걸리를 비우며 그의 지난 이야기를 들었다. 1960년대의 히피 문화와 1970년대의 공포 정치와 1980년대의 은둔 생활에 대해서.

내가 태어나기도 전에 그는 기타를 들고 미 8군부대를 드나들며 히피 문화를 고스란히 접하며 지냈고, 이 땅의 총칼이 휘두르는 하늘 아래서 은둔 생활을 하며 국악을 배웠다. 그래서일까? 그에게선 언제나 동양과 서양, 한국의 한(恨)과 서구의 자유주의가 미묘하게 섞인 향기가 났다.

우리는 노래하고, 웃고, 떠들고, 마셨다. 나는 취했고 비틀비틀 마루에 뻗어버렸다.

모든 이야기는 바람 따라 흐른다

눈을 떴을 때 숲의 풍경은 완전히 바뀌어 있었다. 폭설로 온 천지가 하얗고 아침 일찍 일어난 이들이 눈을 치우고 있었다.

- 여어! 잘 잤는가?
- 네.

L형은 서울에 일이 있다고 했다. 나는 스노체인도 스노타이어도 장착하지 않은 채 엉금엉금 L형을 청평역에 내려주고 기차를 태워 보낸 후 돌아왔다. 아침 식사를 끝내고 낮술이 돌고 있었는데, 한 쌍의 남녀 사이에서 '생태'를 주제로 한 논쟁이 한창이었다.

- 제 얘기를 좀 들어주세요.
- 지금까지 들었잖아요.

논쟁의 열기가 너무 치솟자 이일훈 건축가가 슬며시 농담을 흘린다.

— 외국에선 말이야, 이 정도로 논쟁을 하면 두 사람이 일단 키스를 하거든. 그게 외국에선 예의야. 쿡쿡.
— 아니, 이거 두 사람 연애하는 걸 언제까지 다른 사람들이 보고 있어야 됩니까?

하하하. J형까지 거드는 농담에 사람들 사이에 잠깐 웃음이 돌았지만, 웃음이 가시자마자 여성 토론자가 정색을 하고 "당신이 생각하는 생태生態가 대체 뭡니까?"라고 상대방에게 질문을 던졌다. 그러나 대답은 다시 J형의 입에서 튀어나왔다.

— 생태가 뭐긴, 안 얼린 명태가 생태지! 얼리면 동태고 말이야. 그리고 말리면 북어고.

한바탕 웃음이 좌중을 휩쓸었다. 그래, 세상을 구원하는 것은 웃음이다. 20세기 가장 위대한 예술가로 찰리 채플린을 꼽는 나는 지금도 그렇게 믿는다. 물론 진지하게 삶과 세상을 고민하는 것도 중요하겠지만, 고민하는 사람들 사이에서 벌어지는 다툼과 경쟁을 너무 자주, 오래 보아왔다.

민중을 구제하고 세상을 구원하겠다고 모여놓고선, 어느새 자기들끼리 다투는 모습. 삶을 알차게 보내고 생명을 살리겠다며 모여놓고선 어느새 자기들끼리 다투는 모습. 그곳에 웃음이란 향수가 투두둑 떨어져 사방으로 퍼져나간다면 사람들은 화들짝 알아차리게 되리라. "그렇지! 우리들이 행복하자고 얘기를 나누고 있었던 것이지"라고 말이다.

주거니 받거니 하던 논쟁이 가라앉자 이일훈 건축가의 몽고 얘기가 슬며시 들어와 앉았고, 우리는 좁은 땅을 벗어나 드넓은 초원으로 순간 이동을 했다.

– 몽고에서 병사의 휴가는 3개월이래. 3개월이 긴 것 같지만 실상은 그렇지가 않아. 얘네들은 유목민이라 계속 이동을 하잖아. 휴가를 받아 입대하기 전에 살던 집으로 가보면 자기 집이 없어. 그럼 그 자리에 앉아 며칠이고 기다려. 그러다 누가 말 타고 지나가. 그럼 불러서 물어보는 거야. 혹시 이 자리에 살던 사람들이 어디로 갔는지 아세요? 모르면 또 기다리는 거고, 알면 가르쳐주겠지. '9개월 전 어느 지역으로 떠난다는 이야기를 들은 적이 있다' 그럼 이 병사는 그 사람이 말해준 곳으로 또 길을 떠나. 몇 날 며칠이 걸려 그 장소에 갔을 때, 자기 집이 있으면 좋지만 없으면 또 그 자리에 앉아 며칠이고 사람이 지나갈 때까지 기다리는 거야. 누가 지나가면 또 물어보는 거지. 우리 가족들이 이쪽으로 왔다고 하던데 어디로 갔는지 아세

요? 이 사람이 알면 가르쳐주겠지. 뭐, 이런 식으로. 3개월 전 이곳에 머무르던 사람들에게서 앞서 살던 사람들이 6개월 전에 어디로 떠났다는 이야기를 들은 적이 있다…….

이쯤 얘기가 전개되자 여기저기서 키득거리는 웃음소리가 터져 나오기 시작했다.

- 웃을 일이 아냐. 실제 그렇다니까. 그래서 몽고에서 병사가 자기 집을 찾고 휴가를 보내고 돌아오는 데 평균 3개월이 걸린다는 거야. 집 찾는 데만 2개월이 넘게 걸리니까. 얘네들은 탈영이라는 게 없어. 3개월 만에 돌아오지 않는다고 자대에서 탈영했다고 여기지도 않아. '아, 얘가 아직 집을 못 찾았나 보다!' 그렇게 생각한다구. 몇 개월이든 걸려 집을 찾으면 가족들에게 인사하고 다시 귀대를 하는 거지.
- 이거 완전히 소설감인데요. 『마틴 기어의 귀향 Le Retour De Martin Guerre』이 아니라 '몽고 병사의 귀향'. 하하하!
- 근데 도대체 그런 이상한 몽고 이야기를 어디서 들은 거예요?
- 말하자면 바람이 묻어준 얘기지. 하하하ㅡ.
- 그 제목 죽이는데, 바람이 묻어준 얘기!

낮술에 취한 사람들 마루에 둘러앉아 웃음을 터트리고, 숲 속엔 겨울 햇살에 녹기 시작한 눈이 바람에 날리고 있었다. 투두둑 투두둑. 그리고 우리들이 부른 노래도, 숲 속에서 함께 보낸 시간들도, 한 해의 기억도 그렇게 바람에 묻혀가고 있었다.

투 둑   투두둑

　　　　　투두둑.

훔쳐보는 풍경 4

ⓒ 김영보

우린 이 행성을 그저 스쳐 지나갈 뿐

– 월악산 하늘재를 지나며

데니스 : 나의 키쿠유, 나의 리모지, 나의 농장, 당신은 참 많이도 소유하는군요.
카렌 : 나는 그것들을 소유하기 위해 충분한 값을 치렀어요.
데니스 : 정확히 당신이 소유하는 것이 뭐요?
카렌 : …….
데니스 : 우린 이 행성에서 소유자가 아니오. 그저 스쳐 지나갈 뿐.
카렌 : 당신에겐 인생이 그렇게 단순한 것인가요?
데니스 : 아마 당신보다 덜 요구하기 때문이겠지.

– 『아웃 오브 아프리카 Out of Africa』 중

얼마 전 DVD로 『아웃 오브 아프리카』를 다시 보았다. 열다섯 소년의 나이로 처음 보았을 때, 어린 나는 카렌 역으로 출연한 메릴 스트립의 사려 깊고 부드러운 눈빛이 좋았다. 데니스 역으로 출연한 로버트 레드포드의 따뜻한 미소와 그가 신고 있던 사파리용 장화가 참 멋

지다는 생각을 했다.

 데니스가 경비행기에 카렌을 태우고 아프리카 상공을 날아가던 장면은 세기가 바뀌어도 좀처럼 잊히지 않았다. 그리고 그 시절의 나는 데니스에게서 묻어나던 자유의 냄새를 동경했지만, 그가 품고 있던 삶의 철학이 무엇인지는 잘 알지 못했다.

 덴마크 여류작가 카렌 블릭센의 자전 소설을 영화화 한 『아웃 오브 아프리카』를 다시 보며 새롭게 알게 된 것은, 내가 기억하는 것보다 데니스가 등장하는 신^{scene}이 훨씬 적다는 것이었다. 그러나 이젠 데니스가 등장한 몇 장면에서 그가 한 몇 마디를 통해 그가 생각하는 삶이 어떤 것이었는지 어렴풋이 짐작할 수 있었다. 나 역시 데니스처럼 인생이 단순해진 것일까?

질리지 않는 소박한 미소 하나

 K, G, 그리고 나는 충주호로 봄맞이 여행을 떠났다가 해가 저물기 시작하자 월악산 자락의 미륵리로 향했다. 이 땅에서 가장 오래된 2000년 전의 고갯길, 하늘재가 시작되는 곳. 맑은 물이 흐르는 송추계곡을 지나, 월악산을 감싸는 덕주산성을 지나, 운무에 휩싸인 산자락을 올려다보며 미륵리에 도착했다.

전설에 의하면 마의태자가 이곳을 지나다가 주변 경관이 장엄하고 수려하여 미륵불상을 조각하고 큰 절을 세웠다 한다.

낮부터 보슬비가 내린 탓인지 주말인데도 불구하고 단체객을 받은 음식점 한 곳을 제외하면 고요했다. 우리는 더덕무침을 안주로 동동주를 마시고, 민박을 청한 방에서 맥주 한잔을 더 마시고, 그리고 잤다. 고장 난 텔레비전이 덩그러니 놓여 있는 온돌방에서 잠들며 나는 기도했다. '내일은 비가 그쳐 있었으면 좋으련만. 화창한 하늘재를 지나게 해주세요.'

설마 불심佛心이라고 할 것도 없는 나의 기도를 미륵보살이 들어줬을 리야 없겠지만, 다음 날은 정말 간만에 보는 화창한 날이었다. 아침 식사로 된장찌개를 먹으며 식당 기둥을 쳐다보니 '충주호 8경'이란 안내문이 사진과 함께 붙어 있다. 화창한 날에 찍은 충주호의 절경들을 보고 나자 흐린 날 호반길을 둘러본 것이 좀 아쉬웠다. 때론 빗방울 때문에, 때론 운무 때문에 먼 풍경들을 보지 못했기 때문이다.

밥 한 그릇을 뚝딱 비우고 나와 차에서 카메라를 꺼내는데, 식당 옆 건물 창가에 작자미상의 시조가 맞춤법은 맞는지 어쩌는지, 세로로 쓰여 있다. 찰칵. 쓰여 있던 그대로를 가로로 옮기자면,

산이하높흐니두견이나직울고물이하맑으니고기를헤리로다
백운이내벗이라오락가락하는도다

굳이 띄어쓰기가 되어 있지 않아도 시를 지었을 이의 마음이 그대로 전해져 운율 위에 올라탄 발걸음이 한결 가벼워지는 듯했다. 산이 하~ 높으니 두견이 나직 울고, 물이 하~ 맑으니 고기를 혜리로다.

등산화 밑창의 틈 사이에 붙어 있던 진흙들은 바싹 마른 길 위로 투두둑 떨어져 내리고, 햇살 따라 가는 길은 참 좋아라.

분지에 들어서자 중원 미륵리 사지 안내문이 서 있다. 중원 미륵리 사지는 1970년대 말부터 발굴이 시작된 고려 시대의 사찰로 절 이름은 '미륵대원' 이다. 다른 사찰과 비교해서 특이한 점은 대부분의 사찰이 남쪽을 향하고 있는 데 반해 북쪽을 향하고 있다는 점이다. 이것은 고려가 후삼국을 통일하고 나서 고구려 땅을 회복하겠다는 의지의 상징으로 추정된다고 한다. 미륵사지에는 동전을 던져 거북이 등에 얹히면 소원이 이루어진다며 가장 많은 관광객들이 에워싸고 있는 '돌거북' 도 있고, 온달장군이 힘자랑을 하느라 '공깃돌' 놀이를 했다는 동그란 바위도 있고, 마의태자와 관계가 있다고 전해지는 보물 95호 '미륵리 5층 석탑' 도 있지만, 무엇보다도 미륵사지의 묘미는 야릇한 미소를 가진 '돌부처' 다.

너무 못난 얼굴은 한 번 보고 나면 다시 보고 싶지 않고, 너무 예쁜 얼굴은 자꾸 보다 보면 질린다고 하는데, 이처럼 무심한 듯 '소박한 얼굴' 은 보고 나서 뒤돌아서면 다시 보고 싶

보고 또 보아도 질리지 않는
소박한 미소

고, 그래서 보고 또 보아도 질리지가 않는다. 돌부처의 미소에 반해 이리 보고 저리 보는 사이 아침 예불을 올릴 시간이 되었나 보다. 제단에 올라서는 비구니 스님께 합장을 하고 자리를 비켜서는데, 스님을 따라온 강아지 한 마리가 쪼르르 방석 위에 앉는다. 요놈 참 맹랑한 놈이로구나.

스님께선 자리에 앉아 목탁을 잡고 염불을 하고, 꼬부랑 할머니 쉴 새 없이 허리 굽혀 절을 올리고, 강아지 방석 위에 가만히 앉아 예불을 감상하는데, 저 위에서 내려다보는 돌부처가 빙그레 웃는다.

불사를 하는지 절터 한 귀퉁이에 주소와 이름, 소망들이 쓰인 기왓장들이 가득하다. 대학입학, 건강기원, 만사형통, 내집마련, 가정화목 등등 사자성어처럼 간단하게 적어놓은 소망들을 지나 '올해는 개인택시 한 대 살 수 있게 해주세요!' 에 이르렀을 때 나도 모르게 웃음을 터트렸다. 그러다가 그 많은 사람들의 아직 이루지 못한 소박한 소망들 때문에 왠지 눈물이 찔끔 났다.

미륵대원사 터는 여기서 도로를 따라 조금 더 올라가야 한다. 너른 절터를 내려다보니 눈앞으로 천 년의 세월이 바람처럼 지나간다. '출입금지' 라곤 하지만 딱히 말릴 사람도 없는 듯하여 내려가 홀로 절터를 거닐었다.

천 년 전의 석공들이 깨고 붙이고 놓았던 돌덩이들이 흩어져 있고, 주춧돌 위에 서 있어야 할 기둥과 보와 지붕은 보이지 않는데, 낮은 수풀들 사이로 한 송이 야생화가 피어 있다. 천 년 전에도 이 절 마당에 피어 있었을지 모를.

미륵대원사 터를 오른쪽으로 끼고 포장도로를 걷다 보면 왼쪽에 천하대장군, 지하여장군, 그리고 솟대가 함께 세워져 있는 지점이 나온다. 여기서 왼쪽으로 난 오솔길이 하늘재의 시작점이다. 내리막길은 곧 평평해지는가 싶더니 낮은 각으로 차츰차츰 위를 향하여 경사가 진다. 그리고 '청아한 기운을 가득 머금고 솔바람 들꽃 향기 그윽하게 피어내며 구름 한 점 머무는 고즈넉한 백두대간의 고갯마루', 하늘재가 눈앞에 펼쳐지는 것이다.

멀리서 들려오는 염불 소리 외에는 천 년 전이나 지금이나 별다른 변화가 없었을 그 길에서는 집도 보이지 않고 절도 보이지 않는다. 울창한 숲 사이로 호젓한 길만이 하늘을 향해 뻗어 있을 뿐.

1시간이 지났을까? 시간도 잊고 걷다 보니 맞은편에 문경읍 관음리에서 올라오는 입구가 보인다. 하늘재 고갯마루에 다다른 것이다. 여기서부터 왼쪽으로 포암산 등산로가 시작되는데, 이른 봄인 탓인지 '산행금지' 팻말이 붙어 있다.

문경읍 관음리로 내려가는 길은 넓고 가파른 포장도로다. 우리는 하늘재 마루에서 잠시 쉬었다가 돌아가기로 했다.

경상북도 문경시 문경읍 관음리와 충청북도 충주시 상모면 미륵리의 분수령을 이루고 있는 이 고개는 속칭 하늘재, 지릅재, 겨릅산, 대원령이라 부르기도 하며, 신라가 북진을 위해 아달라왕 3년(156년) 4월에 죽령과 조령 사이의 가장 낮은 곳에 길을 개척한 계립령은 신라의 대로로서 죽령보다 2년 먼저 열렸다.

– 계립령 유허비 중

정말, 기막힌 기분이야

어디 보자, 저 허름한 창고는 비상시에 이용하는 산장이구나.

산장 옆 경사지에 너른 바위가 있어 우리는 나란히 앉았다. 구름 한 점 없이 청명한 하늘을 보기도 하고, 베틀처럼 생겨서 베바우산이라 불렸다는 포암산을 돌아보기도 하고, 숲을 지나가는 바람 소리를 듣기도 했다. 그러다 우리 세 사람은 왜 동시에 아프리카를 떠올렸을까? 경비행기를 타고 이 위를 지나가면 참 멋지겠지? 그래, 기막힌 기분일 거야!

데니스도 아프리카에서 경비행기가 지나가는 모습을 바라보며 그렇게 외쳤지.

아무튼 세렝게티 초원도 아닌데 월악산 국립공원의 하늘재에서 데니스가 자꾸 떠올랐다.

그는 경비행기가 머리 위로 지나가는 광경을 본 지 얼마 지나지 않아 일주일 배운 운전 실력으로 경비행기를 몰아 카렌의 집 앞에 내렸던 사내였지. 그래, 그는 그런 사내였어. 바라보기에 멋진 것들을 바라보는 데 그치지 않고 자신이 직접 해버리고야 마는 사내. 게다가 그는 참 담백한 사내이기도 했지. 아프리카 해변에서 모닥불을 피우고 카렌과 나누던 대화에서처럼.

카렌: 당신은 떠날 때마다 사냥 여행만 가는 게 아니죠? 그저 떠나고 싶은 거죠?
데니스: 당신 맘을 상하게 하려 했던 건 아니오.
카렌: 그러나 상해요.
데니스: 내가 당신과 있는 건 나의 의지에 따른 것이오. 난 다른 사람이 사는 방식으로 살고 싶지 않소. 그런 걸 나에게 요구하지는 마시오. 난 다른 사람 삶의 연장된 부분이고 싶지 않소. 물론 나만의 삶에 대한 대가는 따르겠지. 외로움이라든가, 혼자 죽는 것…… 공평한 거지.
— 『아웃 오브 아프리카』 중

그는 자신의 삶뿐만 아니라 사랑에서도 참 담백하고 명료한 사내였어. 그러나 그가 꽤 멋진 사내라고 여기는 여자들조차도 그런 사내가 실제 곁에 있다면 자기밖에 모르는 이기주의자라고 말할는지도 모르겠다. 아프리카에서의 카렌처럼.

아무튼 데니스는 자신의 삶을 살다가 그에 대한 대가를 치렀고, 그리고 죽었다.

미륵리로 돌아와 다시 35번 국도를 따라 북쪽으로 향했다. 그리고 '송계2교' 앞에서 차를 세웠다. 다리 아래를 내려다보자 아득히 저 아래 옛 '송계2교'가 보인다. 수몰되면서 끊어진 다리와 사라진 마을 길이다. '폭격'이 아닌 '수몰'로 인해 물속에 잠긴 후, 물살에 다리 건너편 땅이 깎여나가면서 뚝 끊긴 다리. 하긴 이 마을에 살던 사람들의 입장에서 수몰 고지告知는 '폭격'과 다를 바 없었으리라.

낚시 철이 되면 루어 낚시꾼들이 이곳을 찾곤 한다지만 일반인들에게 널리 알려진 장소도 아니고 다리 앞에서 주차를 하고 내려다보는 사람도 드물 것이다.

그러나 조금 낯선 풍경과 낯선 시간 속을 체험하고 싶다면 운동화나 등산화 끈을 잘 묶고 내려가보길 권한다. 끊어진 송계2교 위에서 지금은 사라진 마을의 시간을 경험할 수 있을 것이다. 그건 참 기이하고도 야릇한 경험일 테지. 그래, 기막힌 기분일 거야!

필리핀 열대우림에 폭설이 내린다면
― 35번 국도의 설경

훔쳐보는 풍경 5

ⓒ오석주

많은 이들이 월급에 기대어 먹고살며 도시의 아파트나 사람들이 북적대는 곳에서 하루하루를 살아간다. 식구를 먹여 살리는 일뿐 아니라 여러 가지 복잡한 문제들이 사람들을 살기 힘들게 한다. 그래서 자기를 옭아매고 있는 이 답답하기 짝이 없는 데서 벗어나, 한적한 시골로 내려가 소박하고 단순한 생활을 하기를 꿈꾼다. 삶을 자기 것으로 만들고 싶은 것이다. 하지만 식구들과 친구들의 걱정 어린 충고와 알 수 없는 앞날에 대한 막연한 두려움이 발길을 가로막는다. 그러기에 결정을 내리지 못한 채 많은 세월을 보내고, 아직도 망설이고 있다.

– 헬렌 니어링, 스코트 니어링의 『조화로운 삶』 중

스코트 니어링이 세상에 태어난 것은 1883년이고, 그가 제국주의에 반대하다 대학교수직에서 해직된 후 아내 헬렌 니어링와 함께 버몬트 시골로 들어가 살기 시작한 것은 1932년이다. 오래 전이라고 하면 오래 전의 일이고, 가깝다고 한다면 가깝다고 할 수도 있다.

나의 경우엔 어떤가 하면 그냥 동시대의 일인 듯하다. 그렇게 생각하는 게 아니라 정말 그렇게 느껴지는 것이다. 니어링 부부의 책을 읽어보면 그들이 거부하거나 추구하고 싶었던 삶이 21세기를 살아가고 있는 우리들이 거부하거나 추구하고 싶은 삶의 모습과 크게 다르지 않다는 것을 알 수 있다. 멀리는 장자가 그랬고, 부처가 그랬고, 예수가 그랬고, 가까이는 니어링 부부가 그렇다. 어떤 지점에서 우리는 역사상 모든 인물들과 동시대를 살아가고 있는 것이다.

당신이 누구와 벗이 되느냐는 당신의 결정에 달려 있다. 이것이든 저것이든, 시골이든 도시든 무엇이 옳다고는 쉽사리 말할 수 없다. 앞서 얘기했지만 우리들이 분별하는 대부분의 문제는 그저 취향의 차이일 뿐. 그러나 그 무엇이든 결정을 내리지 못한다면 당신은 평생 망설이게 되는 셈이다.

삶을 자기 것으로 만드는 사람들

정말 오래간만에 L형, K, 나, 세 사람이 함께 나선 여행길이었다. 전날 내린 눈으로 새하얗게 변한 산과 들의 풍경을 보겠다는 것은 내 생각이고, 실질적인 이유는 K가 봐둔 땅을 보기 위해서였다.

내가 농담 삼아 『매트릭스 The Matrix』의 캐릭터인 '스미스'라고 부르던 샐러리맨 K가 처음 귀농 얘기를 꺼낸 지도 반년이 넘었다. 그동안 K는 자신의 키 높이에 이르는 자료들을 모으고 정리했다. 그것들은 자신이 귀농해서 키울 농작물에 대한 것부터 시작해 각종 농업정책과 심지어 향후 기후 온난화로 인한 날씨 변화 보고서까지를 망라하고 있었다.

K 역시 귀농이란 결정을 내리기가 쉽지는 않았다. 그러나 결심의 계기는 니어링 부부가 『조화로운 삶』에서 언급하고 있는 것과 크게 다르지 않았다. 삶을 자기 것으로 만들고 싶었던 것이다.

음반 사업을 하는 L형은 K가 귀농할 땅을 사면 그 땅의 일부를 사들여 농사를 지을 작정이었다. 음반 사업을 반드시 도시에서 해야 할 이유가 없다고 생각했기 때문이다. 인터넷만 가능한 지역이라면 전국 어디라도 상관없다. 어차피 업무의 90퍼센트를 집에서 처리하는 1인 음반사고, 음반 유통 회사들과 연락을 취하는 데 있어서 도시 다르고 시골 다른 건 아니니까. L형은 장비만 옮겨놓으면 복각음반을 내는 사업은 사업대로, 자기가 일용할 텃밭을 가꾸는 일은 일대로 하면서 지낼 수 있으리라고 판단을 내린 것이다.

현재까지 외진 시골에서 운영되는 음반사도 없고, 외진 시골에서 자기 삶을 만들어가는 1인 음반사 대표도 없고 보면, 그건 나름대로 멋진 일이 될 듯했다.

사실 귀농을 결정하는 데 있어서 가장 큰 고비는 배우자를 설득하는 일일 것이다. 다행히 K의 경우는 여자 친구가 어려서 농사를 지어본 사람으로 '서울에서 너무 멀지만 않다면'이라는 전제 조건을 달고 동의를 했고, L형의 경우에도 형수가 '나는 서울에서 하던 일을 계속하며 지낸다'는 조건을 달고 동의를 한 입장이었다. 완전한 설득이라고 할 순 없어도 일단 준비 과정에서 큰 어려움은 없을 듯했다.

- K, 이번에 보러 가는 땅 가까이에 강이 있어?
- 봉화 쪽으로 내려오는 낙동강이 흘러요. 그건 왜요, 형?
- 레이블 이름이 '리버맨'이니 강이 흐르면 딱이잖아.
- 만약 주변에 산밖에 없으면 레이블 이름을 바꿔버려요.
- 뭘로?
- '마운틴맨'으로!

우리는 그런 싱거운 소리를 주고받으며 서울을 빠져나갔다. 평소 같으면야 아무리 먼 길이라도 국도를 따라 여행을 하는 나도 이번엔 고속도로를 이용할 수밖에 없었다. 간밤에 내린 눈에 국도 제설 작업이 얼마나 진행되었는지 알 수 없는 노릇이었고, 해 짧은 겨울인 까닭에 자칫 저녁 늦게 도착해버리면 산속에 자리 잡고 있다는 임야를 보지도 못하고 내일을 맞이하게 될 테니까.

백설이 펄펄 휘날리니 이 아니 동절이냐

K가 이번에 직접 확인하려는 땅은 봉화읍에서도 한참 더 산으로 들어간 외진 곳이었다. 중부고속도로를 따라 내려가다가 호법분기점에서 영동고속도로로 갈아탔다. 점점 눈앞으로 보이는 풍경이 하얗게 뭉개지고 있었다. 강원도 지역엔 경기도보다 더 많은 눈이 내린 모양이었다.

- 이번에 보게 될 땅이 4,000평 정도 되는데, 만약 사게 되면 오디용 뽕나무와 헛개나무, 그리고 엄나무를 심을 생각이야. 뽕나무는 사실 버릴 게 전혀 없는 나무지. 열매며 잎이며 심지어 뿌리까지 쓸모가 있으니까. 요즘 20, 30대 당뇨병 환자도 상당수가 될 만큼 당뇨는 거

의 국민병 수준에 이르렀어. 근데 뽕나무가 당뇨에 좋잖아. 나는 뽕잎용 뽕나무가 아니라 오디용 뽕나무를 심어서 당뇨에 좋은 제품을 만들어볼 생각이야.

만종 인터체인지에서 풍기 방향 중앙고속도로로 다시 옮겼다. 죽령 터널을 향해 가는 동안 설경은 점점 더 짙어졌다. 울창한 소나무들이 빼곡히 들어차 있던 산에 눈 내린 풍경은 너무나 아름다웠다. 늘 보던 숲과는 전혀 다르게 변해버린 숲의 윤곽, 백색의 눈과 연둣빛 그늘의 조화, 그것은 내가 가장 좋아하는 색의 조합이었다.

죽령 터널로 들어서기 직전 고속도로 갓길에는 사람들이 차를 세워둔 채 설경을 촬영하고 있었다. '우리도 잠시 정차를 할 걸 그랬나?' 라는 아쉬운 생각도 잠시, 길이 4,600m에 달하는 국내에서 가장 긴 죽령 터널을 빠져나오자 설국은 다시 평범한 겨울 풍경으로 바뀌었다. 시베리아에서 내려온 눈발도 소백산맥을 넘지 못한 탓일까?

풍기로 들어서며 봉화 방면으로 달렸다. 이제 완연한 시골길. 국도도 곧 끝나고 지방도가 이어졌다. 지금은 중앙고속도로가 뚫려서 많이 변했다고는 하지만 봉화는 여전히 이 땅에서 대표적인 오지 중 한 곳이었다. 이 나라에 태어나 봉화를 지나간 사람들이 과연 얼마나 될까?

ⓒ 염승화

잠시 차를 세우고 낙동강을 내려다보았다. 태백산에서 시작된 물이 흘러내려와 다리 아래를 지나가고 멀리 낚시를 하고 있는 사람이 보였다. 이제 지방도에서도 벗어나 산길로 들어섰다.

- 여자 친구를 데리고 왔으면 큰일 날 뻔했군! 이런 산골로 데려가려고 한다고 얼마나 투덜거렸을까?

K가 너스레를 떠는 동안 차가 툴툴거렸다. 오르막길로 들어서자 질퍽하게 눈 녹은 물이 흘러내리고 아직 녹지 않는 빙판길도 있어 천천히 차를 몰았다. "맞은편에서 차라도 내려오면 큰일이겠군!"이라는 말 떨어지기가 무섭게 차가 내려왔다. 이런, 어쩐다!

간신히 내려오던 차를 피하고 다시 길을 올랐다. 제설차가 한 번 지나가긴 한 것 같은데 과연 어디까지? 곧 경사가 더 가파른 빙판길이 시작되었다. 차를 세웠다.

- 여기서부턴 걸어가야겠어. 스노타이어도 없고 스노체인도 준비 안 했거든.

나와는 달리 꼼꼼한 K는 세 사람 분의 아이젠까지 준비해

왔다. 각자 아이젠을 등산화에 장착하고 등산객처럼 산길을 올랐다. 킹킹 개가 짖고 누렁이 한 마리가 달려 내려왔다. 녀석은 낯선 사람을 경계하기는커녕 꼬리를 정신없이 흔들어대며 손님을 무척이나 반겼다.

가파른 길을 더 올라가자 집 한 채가 나오고, 한 채가 더 보이고, 한 마리의 개가 더 나타났다. 이번엔 백구였다. 처음에 우리를 마중 나왔던 그 녀석은 언제 어디로 사라졌는지 보이지 않고 이젠 백구가 길을 안내했다. 녀석도 전혀 경계심을 갖지 않고 꼬리를 흔들어댔다. "흰둥아, 이리 온!" 하고 머리를 쓰다듬어주자 발라당 배를 드러내고 누워서 친근감을 표현했다. 외진 산속이라 개들도 손님이 그리웠던 모양이다.

둘러본 땅은 K가 기르고 싶은 작물을 심기엔 적당하지 않았다. 넓이에 비해서 실제 사용할 수 있는 땅이 너무 좁았다. 발목까지 올라오는 눈밭을 지나 지적도상의 경계까지 올라가보았지만 매한가지였다. 땅이 너무 가파른 것이다. 좋은 점은 주변 풍경뿐.

— 이 땅은 안 되겠어.

벌써 귀농을 준비하는 동안 여러 번 허탕을 친 K가 아쉬운 듯 혀를 찼다. 귀농을 준비하는 과정에서 땅을 고르는 데만 몇 년이 걸린다는 얘기를 들은 적이 있다. 도시에서 이사를 하듯 쉽게 집과 땅을 팔고 사고 하지 않기 때문이다. 그러므로 한 번 땅을 살 때 몇 십 년은 정착할 땅을 골라야 하는 것이다.

비록 땅을 보는 것은 허탕이었지만 눈 쌓인 산길을 걷는 것은 오랜만의 즐거움이었다. 봉산탈춤의 대사를 가사로 차용한 고구려밴드의 「주색만찬酒色晚餐」을 흥얼흥얼하며 길을 내려오는 동안 흰둥이는 주인이 그만 따라가라고 소리를 쳐대도 아랑곳없이 따라왔다.

> 산중에 무력일하여 철 가는 줄 몰랐더니
> 꽃피어 춘절이요 잎 돋아 하절이라
> 오동낙엽에 추절이고 저 건너 창송녹죽에
> 백설이 펄펄 휘날리니 이 아니 동절이냐
> 본디 천하에 한량으로 염불에는 뜻이 없고
> 저 들려오는 풍류 소리에 나도 한번 놀고 가려나

불영사 계곡의 설경에 취하다

차에 올라탄 뒤 시동을 걸었다. 바퀴가 헛돌았다. 후진과 전진을 반복하고, 빙판에서 맴돌기까지 하면서 간신히 차를 돌릴 수 있었다.

– 이제 어디로 갈까?

– 이왕 여기까지 왔는데 겨울 바다를 보고 갈까요?

– 어디 보자, 울진으로 갈까?

– 거, 좋겠다. 불영사 계곡 지나가는 길이잖아.

– 그렇지! 좋아, 울진 가서 하룻밤 자고 올라가자.

고갯길과 S자 코스가 많은 계곡인 탓에 혹 제설 작업이 안 되어 있으면 어쩌나 염려하며 차를 몰았다. 다행히 불영사 계곡의 산과 들과 숲은 새하얗게 변해 있는데 도로만은 깨끗하게 치워져 있었다.

봄, 여름, 가을, 겨울 사시사철 아름다운 불영사 계곡의 풍경은 온통 새하얀 눈으로 뒤덮여 있었다. '우와!', '크으!', '이야!', '헉!' 정말 그런 감탄사 외에는 다른 말이 나오지 않았다. 하얗게 변한 소나무들이 무거운 눈 더미에 어깨를 축 내린 채 산을 가득 메우고 있었다. 그건 『아비정전阿飛正傳』의 시작과 끝에 나오던 필리핀 정글을 떠올리게 했다. 마치 그 필리핀의 열대우림 위로 하얀 눈을 뿌려놓은 듯한 몽환적 풍경…….

시속 10km로 지나치기에도 아까운 절경이었다. 왕복 2차선밖에 안 되는 길 끝으로 치운 눈 때문에 갓길도 사라진 국도였지만 차를 세웠다. 멈춰 서서 카메라에 담기에도 아까운 그 야릇한 풍경을 눈과 가슴과 폐 속 깊이 담고 싶었다.

눈과 가슴과 폐 속 깊이……

그때 경찰차가 등 뒤에서 나타났다. "아니, 갓길도 없는 이런 곳에 차를 세우면 어떡합니까, 빨리 가세요!"라고 성화를 부릴 줄 알았는데 천천히 다가오는가 싶더니 그냥 지나쳐 갔다.

사진 몇 장을 더 찍은 뒤 다시 출발했다. 그리고 한 굽이를 틀었을 때, 조금 전 지나쳐 간 경찰차가 세워져 있었다. 갓길이 사라진 국도 위에 경찰차를 세워둔 채, 젊은 경찰들이 함박 미소를 지으며 사진을 찍고 있었다. '우와!', '크으!', '이야!', '헉!' 그런 감탄사를 터트리며.

에필로그

문풍지 구멍 너머로 훔쳐보던 풍경

눈 내리는 외딴 섬에서 나 홀로 한겨울을 보낸 적이 있다. 아니 봉순이, 어영이, 길동이 그리고 갓 태어난 다섯 마리 뎅굴애(어영이가 낳은 강아지들 이름을 붙이기 전, 나는 통칭하여 뎅굴이라고 불렀다)들이 함께였다.

그해 겨울, 서쪽과 남쪽 그리고 바다 한가운데 섬들엔 이상 기온으로 폭설이 잦았다. 나는 무위당(無爲堂)에서 대굴거리며 길 떠난 주인장을 대신하여 동천다려(洞天茶廬)를 지키고, 식구들을 돌보고, 산모의 산바라지를 하고 있었다.

폭설이 쏟아지는 날에는 문풍지 구멍 너머로 세상을 바라보곤 했다. 그러고 있노라면 마치 이 세상의 것이 아닌 풍경을 나 홀로 훔쳐보고 있는 듯한, 그런 기분이 들었다. 해상엔 자주 대설주의보가 내렸고, 내륙에서 와야 될 배들이 오지 않는 날이 많았다. 이 글은 그 시절의 기록이다.

며칠째 오후 5시 무렵이면 눈보라가 치고 있다. 나는 오늘도 문풍지 구멍 너머 순백으로 변해가는 세상을 훔쳐본다.

– 내 평생 보길도에 이렇게 눈이 많이 내린 건 처음이여.

소포를 내려놓으며 우편배달부 아저씨가 말했다. 낮 동안 겨울 햇살이 쨍쨍하다가도 오후 5시 무렵이면 어김없이 눈발이 사선을 그으며 내린다. 우산으로 입구를 가린 어영이네 집 위에도 눈발이 가득하다. 그리고 바람 소리에 묻혀 들리지 않아도 내 귀엔 들려온다. 다섯 마리 뎅굴이들이 어미의 젖을 물고 가슴팍에 몸을 기대고 잉잉거리는 소리가.

바람이 어영당 지붕 위 쌓여 있는 눈발을 한 번 걷어차고 간다. 어영이는 찬바람 드는 입구를 자신의 등으로 가리고 누워 새끼들을 품고 있을 것이다. 누가 가르치지 않아도 찬바람에 시린 등을 내놓는 어미의 마음.

잃어버린 줄 알았던 휴대폰 충전기를 찾았다. 휴대폰을 켜자 지인들로부터 온 부재중 전화와 부재중 문자가 연달아 뜬다. 대부분 연말 안부 인사와 송년회 참석 여부에 대한 것들이다. 올해 송년회 자리에 나는 부재할 것이다. 결국 연말은 객지에서 홀로 보내야 하리라.

며칠 전 사랑한다며 전화를 주었던 어머니 생각이 난다. 작은 아들 얼굴 못 본 지가 석 달이 넘었다고. 팔공산에서 집 짓는 일이 끝나면 간만에 어머니께 들를 계획이었으나, 어영이가 새끼를 낳는 바람에 보길도로 급히 내려올 수밖에 없었다. 불효다. 불효자가 또 다른 어미를 돌보고, 불효자가 또 다른 새끼의 살점을 자르고 있다.

한 번도 내 손으로 잘라본 적 없는 돼지의 몸통을, 작은 젖꼭지가 나란히 달려 있는 어린 돼지의 비곗살을 또 다른 어미가 먹기 편하도록 자를 때마다 복잡한 생각이 들곤 한다. '이 어린 돼지도 누군가의 태에서 나온 한 마리 새끼였을 터…….' 이 생각의 동아줄을 타고 오르면 어떤 세상을 볼 수 있을 텐가?

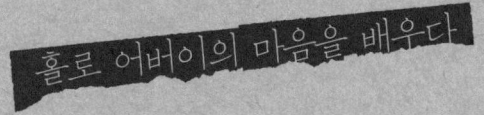

홀로 어버이의 마음을 배우다

무위당 여닫이문을 젖히고 나와 바람 찬 툇마루에 앉는다. 그때마다 마루 아래 웅크리고 있던 봉순이가 툇마루 위로 올라와 내 곁에 가만히 앉는다. 먼 풍경이나 어둠을 바라보고 있는 내 곁에 그저, 나란히 앉을 뿐이다. 어영이처럼 나를 쳐다보지도, 길동이처럼 나를 향해 짖지도 않고, 나란히 앉아 같은 방향을 바라보고 있을 뿐이다. 그렇게 둘이 말없이 앉아 있노라면 때론 봉순이가 사람 같다는 생각이 들곤 한다. 어제는 함박눈 내리는 풍경을 바라보고 있던 나의 옆에 함께 앉아 있던 봉순이가 안 하던 행동을 했다. 갑자기 내 쪽으로 고개를 돌리더니 입술에 키스를 '쪽' 하는 것이었다.

— 봉순아, 왜 그래?
— 아, 그냥 네가 곁에 있다는 게 행복해서.

컹컹. 뒤뜰에서 길동이가 우렁차게 짖는다. 길동이는 보길도 최고의 낙천주의자. 사람으로 치자면 서른을 훨씬 넘긴 청장년이지만 돌 지난 강아지처럼 철없기는 꼭 누굴 닮았다. 음식 투정하지 않고 뭐든 먹어 치우는데다 요즘은 새끼를 낳은 누이, 어영이 덕분에 매일같이 고깃국을 먹어 토실토실하다. 벌떡 일어서 내 어깨에 앞발을 올릴 때면 그 덩치가 북슬북슬한 게 산(山) 만하다.

— 길동아, 너 다이어트 좀 해야 되지 않겠니?

길동이는 또 이 집에서 유일하게 나랑 성별이 같은 수컷이기도 하고, 유일하게 구기 종목을 즐기는 나의 공놀이 파트너. 녀석은 홍길동처럼 바위 사이를 붕붕 날아다니며 반가움을 표현한다. 매일 보고 매일 노는데 매일 반가운가 보다.

길동이가 전생에 의적이었다면 조선 최고의 낙천주의자 의적이었으리라. "히히히, 그러게 남는 건 서로서로 나누며 살아야지!" 그렇게 웃음 가득 머금은 한 소리를 지르고 산과 계곡을 붕붕 날아 산채로 돌아갔겠지. 게다가 이 집안 최고의 인물이기도 한 길동이고 보면, 여러 계집들 맘을 졸이게도 했을 게야.

이렇게라도 어버이의 마음을 배우라는 하늘의 배려인지, 졸지에 산바라지를 하게 된 내가 새끼들을 직접 돌볼 일은 없다. 새끼들을 돌볼 어미의 건강과 마음만 잘 챙겨주면 어미는 모성본능에 따라 새끼들 먹고, 자고, 싸는 것을 해결해주니까.

나는 매일 매일 어영이에게 '효능효과 : 임신/수유기'라고 쓰여 있는 아로나민 골드를 잘게 빻아서 밥과 함께 고기 미역국에 말아준다. 그리고 어영이가 식사를 하는 동안 어영당 안으로 내 몸의 반을 엎드려 들이밀고 들어가 새끼들의 상태를 체크한다. 다들 추운 밤을 잘 보냈구나.

아이들은 정말 무럭무럭 자란다. 하루가 다르게. 처음엔 나를 잠 못 들게 하던 잉잉거리는 소리가 이제는 정겨운 자장가가 되었다. 그 소리는 살아 있음의 증거였으니까.

어영이는 식사를 끝내고 뱅글뱅글 배변 볼 자리를 찾은 후, 일 보고 곧바로 제집으로 들어간다. 처녀 시절엔 하루 종일 집 밖에서 뱅글뱅글 돌거나 부산스럽던 어영이였다. 그러나 새끼를 낳은 후 새끼들에게 젖을 먹이고, 영하의 기온 속에서 제 새끼들을 품느라 식사 때 외에는 좀처럼 집 밖으로 나오지 않는다.

나 역시 되도록이면 방문을 열지 않는다. 나의 인기척에 어영이가 자기 집 밖을 오가는 사이 찬 기운이 새끼들이 웅크리고 있을 집 안으로 들어갈 테니까. 그래서 나는 방 안에 앉아 문풍지 구멍 사이로 세상을 구경한다.

문풍지 구멍 사이로 보는, 눈 내리는 풍경은 우리들 삶의 경계를 넘어선 것처럼 아름답다. 방문을 열고 나면 사라지는 저, 경계 속으로 들어가는 길을 찾고 싶다.

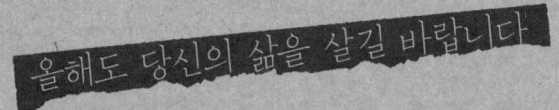

올해도 당신의 삶을 살길 바랍니다

크리스마스 무렵엔 지인들로부터 선물이 도착했다. 안동 간고등어, 강아지용 영양 사료, 산모용 영양 사료, 성견용 개껌, 강아지용 개껌, 길동이용 테니스공, 그리고 커피와 코코아, 김을 비롯한 일용할 양식들. 20년 만에 다시 산타클로스가 있다고 믿는 어른이 된 것만 같다. 그런 기분이었다.

연말이 되자 숙박 예약 전화가 종종 온다. 그러나 물 사정도 좋지 않고, 보일러 파이프가 동파한 지도 꽤 지났다.

올 해도 당신의 삶을 살길 바랍니다

예정에 없던 추위였고, 별다른 대비를 하지 않은 가옥들이 많았던 탓인지 건너편 노화도의 보일러 수리공은 차일피일 바쁘다며 며칠째 오지 않는다. 청별항에 도착해서야 숙박 예약을 하려고 전화를 한 분들도 있었지만, 손님을 찬 방에서 재울 수 없으니 다른 숙소를 소개했다.

나는 동천다려에 단 한 칸 있는 구들방에서 잔다. 아는 사람 한 명 없는 섬, 아무도 오지 않는 집의 구들방 아궁이 앞에서 홀로 불을 지핀다. 아마도 『시인의 노래 - 섬』이란 음반에 수록되어 있는 손병휘 작곡, 강제윤 작사, 박강수 노래의 「재가 되었네」라는 시가 쓰인 장소도 바로 이 아궁이 앞에서였으리라. 장작을 아궁이에 밀어 넣고 나는 주인장이 남기고 간 노래를 떠올린다.

재가 되었네
나뭇잎
재가 되었네
옛 추억
재가 되었네
그 여자
재가 되었네
내 사랑
재가 되었네
붉은 입술

재가 되었네
검은 꽃
재가 되었네
이발소도
재가 되었네

— 강제윤의 「재가 되었네」 전문

어느새 임실에서의 봄이 지나고, 제주도에서의 여름이 지나고, 속리산에서의 가을, 팔공산과 보길도에서의 겨울……. 벌써 한 해의 끝에 서 있었다. 그렇게 한 해의 첫날 즈음하여 나는 벗들에게 이렇게 새해 인사를 보냈다. '올해(는 혹은 도) 당신의 삶을 살길 바랍니다.' 그리고 이제 나 스스로에게 묻는다.

— R, 올해 자넨 자네의 삶을 살았는가?
— 응.

겨울 동백이 해준 이야기

새해가 시작되고, 배가 드나들고, 지인들이 내려왔다. 결혼한 대학 후배 Y와 그녀의 친구 K, 그리고 목조주택 목수 일을 하며 알게 된 E. 청별항으로 그들을 데리러 나갔다. 눈은 그쳤다지만 바람이 많이 불었다.

저녁이 되자 눈이 많이 내린다. 나는 구들방에 불을 지피고 안방으로 건너가 전기요를 켰다. 다음 날 고친 차에 그들을 싣고 세연정을 지나 부용리를 지나 저수지가 있는 보길도 안쪽으로 들어갔다. 내가 홀로 가끔 거닐곤 했던 오솔길을 지나, 재를 넘어 해변까지 건너가기로 했다. 오솔길을 걷다 매번 남은사로 올라가는 샛길로 빠진 탓에 오솔길의 끝까지 가보지는 않았다. 벗들이 온 참에 함께 가기로 했다.

보길도 수원지 입구엔 '출입금지' 팻말이 있지만 출입금지가 있는 곳엔 어디에나 또 개구멍이 있다. 팻말 오른쪽으로 난 개구멍을 지나면 이제 아무도 지나다니지 않는 오솔길이 나온다.

오래 전엔 사람들이 재를 넘어 선창리를 오갔다지만, 자동차의 보급으로 걸어서 청별항과 선창리 사이를 오가는 사람은 없다. 섬의 외곽을 따라 닦여진 차도를 따라 가면 되니까.

집을 나설 때만 해도 겨울 햇살이 따뜻했는데 오솔길에 들어설 무렵 눈발이 치기 시작했다. 그리고 다시 구름 사이로 해가 모습을 드러내는가 싶더니, 햇살을 분처럼 바른 눈송이들이 반짝반짝 오솔길을 따라 날린다. 여우비라고 부르듯 이런 눈을 여우눈이라고 불러도 되는 걸까? 아마도 에스키모들은 햇볕 속에서 내리는 이런 눈발에 걸맞는 이름을 갖고 있으리라.

눈 내리지 않아도 아름다웠던 오솔길 사이로 햇살 머금은 눈발까지 내리자, 그 길은 마치 내가 문풍지 구멍으로 바라보았던 세상 저편으로 넘어가는 샛길인 듯했다.

내 생애 가장 아름다웠던 오솔길을 지나, 선창리 재를 넘어 거울처럼 번들거리는 겨울 바다에 도착했다. 하얀 파도가 절벽에서 포말을 일으키며 부서지고 있었다. 우리들은 일몰 전망대에서 몇 장의 사진을 찍고, 내리막을 걸어 보족산 자락 끝 공룡알 해변에 도착했다. 해변에는 하얀 눈발이 가지마다, 이파리마다 쌓여 있는 동백나무가 군락을 이루고 있다. 그리고 세상에! 붉은 동백이 얼음처럼 차가운 눈발에도 굴하지 않고 한가득 피어 있었다. 꽃잎들 틈 사이로 파고든 얼음 같은 눈발에도 굴하지 않고 한껏 피어 있는 붉은 동백들.

순간 가슴에서 스파크가 일었다. 빠지직 빠지직. 보길도 공룡알 해변 동백 군락지의 붉은 동백이 불꽃을 튀기며 말했다. 겨울, 폭설, 얼음, 영하에도 꽃 피우고야 마는 붉은 꽃들이 말했다.

우리 삶에서 진정 중요한 것은 세계와의 화해가 아니다.
오히려 세계와의 불화를 밀고 나갈 수 있는 용기다.
자신의 내면에 하나의 불꽃을 간직하고 있다면
이생을 둘러싸고 있는 군더더기들은
그 불꽃으로 태워버릴 수 있으리라.

Copyright by

강혁신	innokang@naver.com	http://blog.naver.com/innokang.do
강혜리	kangmul6106@naver.com	http://blog.paran.com/wildflower9345
김건훈	gaote@naver.com	http://carroll.egloos.com/
김근봉	kimkb87@naver.com	http://blog.naver.com/kimkb87
김진수	donald2000@hanmail.net	http://cannizaro.net
김영보	stagereal@naver.com	http://blog.naver.com/stagereal
김영준	artlife@naver.com	http://hanulsoblog.com/
김우영	nokaruna@naver.com	http://www.redgore.com
김우중	iamstephanus@naver.com	http://stephanus.pe.kr
김윤오	yokim@staco.co.kr	http://goldlano.egloos.com/
김은주	off64g@naver.com	http://www.cyworld.com/off64g
김진용	jykim@bok.or.kr	http://blog.joins.com/dragonkjy
김태형	thyunga@naver.com	http://www.cyworld.com/gom4753
김홍규	golfpia6@hanmir.com	http://photo.naver.com/user/golfpia6
박성배	parkseminar@naver.com	http://blog.naver.com/parkseminar
박성준	psj0220@naver.com	http://photo.naver.com/user/psj0220
박준성	konggaru@gmail.com	http://parkofphotograph.tistory.com

박해수	gotn01@naver.com	http://blog.naver.com/gotn01
염승화	yshwa@naver.com	http://blog.naver.com/yshwa
오석주	osjko@naver.com	http://blog.naver.com/osjko
윤재찬	truecore@naver.com	http://51mm.kr
윤하현	reflicar@naver.com	http://www.hahyun.com
이상재	yawarayi72@naver.com	http://blog.naver.com/yawarayi72
이원욱	eww@korea.com	http://blog.paran.com/epoxy
이재근	azeizle@gmail.com	http://azeizle.tistory.com
이현우	kreli@naver.com	http://profile.blog.naver.com/kreli
정성국	sungkook804@hanmail.net	http://www.cyworld.com/sungkook804
정지혜	archinist@naver.com	http://blog.naver.com/archist
조용배	ekain@naver.com	http://www.cyworld.com/ekain
채성균	siriusblack@nate.com	http://www.xboxism.com
최덕후	syberor@naver.com	http://blog.naver.com/syberor
최민호	mino87@naver.com	http://eyetem.egloos.com/photo/
홍달영	365i@naver.com	http://photo.naver.com/user/365i